A razão africana

Muryatan S. Barbosa

A razão africana

Breve história do pensamento
africano contemporâneo

todavia

Para Solange e Wilson

Introdução **9**

1. A personalidade africana **13**
2. O reino político **69**
3. O autodesenvolvimento **125**

Conclusão **173**

Referências bibliográficas **179**
Índice remissivo **195**

Introdução

A história intelectual da África é uma das mais ricas e antigas do mundo. Tem seus primórdios na Núbia e no Egito faraônico. A partir do Mediterrâneo oriental perpassa todo o mundo antigo e chega até a formação das ciências modernas. Em particular, por conta do racionalismo árabe produzido por diversos intelectuais norte-africanos, como o historiador e filósofo Ibn Khaldun (1332-1406), não irei aqui tão longe. Também não tratarei dos saberes ancestrais africanos, que continuam vivos nas aldeias e subúrbios das cidades do continente. Felizmente há bons livros sobre o assunto, que o leitor poderá consultar com proveito.

Ao realizar uma (breve) história do pensamento africano contemporâneo, me atenho aos intelectuais africanos "modernos", entendendo por isso aqueles que o são por sua qualificação e especialização profissional. Ou seja, aqueles que surgiram com o avanço das relações de produção capitalistas e da divisão social do trabalho. Falo, portanto, do intelectual contemporâneo, individualizado, e não daquele que é parte da intelectualidade social africana, milenar, ainda tão comum em diversas localidades do continente.

Neste ensaio, busco analisar a razão africana que se pode desvelar dessa intelectualidade "moderna"; o que não significa dizer que só há racionalidade nessa camada social específica. Para isso, construí uma reflexão breve e fundamentada sobre o assunto, destacando aqueles intelectuais que trouxeram a ideia de África para o centro de suas preocupações.

Penso que este trabalho é especialmente relevante para um país como o Brasil, dado o caráter eurocêntrico do seu pensamento acadêmico. É verdade que possuímos uma larga tradição de estudos sobre as heranças africanas no país, que remonta aos fins do século XIX. Entretanto, é uma produção que basicamente se circunscreve ao caráter histórico e cultural dessa relação África-Brasil, em geral ignorando que os intelectuais da própria África refletiram sobre suas realidades. É como se os africanos estivessem condenados a só produzir cultura "popular", "ancestral", "tradicional": subsídios para as elaborações mentais externas.

Este livro busca contribuir para superar algumas dessas incompreensões. E, nesse sentido, coloca-se em continuidade com outras obras recentes em português sobre a mesma temática.[1] Entretanto, tratando-se de uma obra individual (e não de uma coletânea), faz-se necessário, antes de iniciar o texto propriamente dito, explicitar minimamente os parâmetros sobre os quais se assentou esta síntese.

Do ponto de vista epistemológico sigo uma lógica imanente na seleção de conteúdos e autores abordados, que formariam o pensamento africano contemporâneo. Certos autores e temáticas são destacados em detrimento de outros e outras, porque esses eram vistos como canônicos pelos próprios intelectuais africanos. Em particular, os que falavam desde a África e sobre a África. A mesma lógica guiou a construção dos conteúdos essenciais de cada capítulo: a personalidade africana, o reino político e o autodesenvolvimento. Havia uma intuição prévia

---

[1] Vale citar: a) *O pensamento africano subsaariano: Conexões e paralelos com o pensamento latino-americano e o asiático (um esquema)* (2008), do historiador e filósofo chileno Eduardo Devés-Valdés; b) *Pensamento africano no século XX* (2016), coletânea organizada pelo historiador José Rivair Macedo; c) *Intelectuais das Áfricas* (2018), outra coletânea, organizada pelos historiadores Silvio de Almeida Carvalho Filho e Washington Santos Nascimento.

sobre a matéria. Mas foi a pesquisa e a reflexão que tornaram tal divisão concreta.

Como método de investigação, utilizei aquele sintetizado por Karl Marx no segundo posfácio ao livro I de *O capital* (1873): "A investigação tem de se apropriar da matéria em seus detalhes, analisar suas diferentes formas de desenvolvimento e rastrear seu nexo interno".[2] Nesse caso, um nexo que poderia explicitar uma razão própria ao pensamento africano contemporâneo.

Evidentemente, trata-se aqui de uma síntese possível — e não a única possível. Mas vale dizer que este ensaio foi um exercício de objetivação. E o aspecto descritivo do texto a seguir não deve enganar o leitor quanto a tal fato. Pelo contrário, a descrição pressupõe esse desejo. E, em relação a isso, segui uma prescrição de Gaston Bachelard, no seu *Ensaio sobre o conhecimento aproximado*: "A descrição é a finalidade da ciência. É dela que se parte. E a ela que se volta".[3]

Por fim, uma nota de agradecimento. Este livro foi pensado durante os diálogos e contou com a gentil contribuição de vários colegas. Entre eles caberia destacar os nomes de Victor E. Schincariol (UFABC), Itaquê S. Barbosa (Faculdade Zumbi dos Palmares), Demétrio G. C. de Toledo (UFABC), Flávio T. R. Francisco (UFABC), Acácio S. A. Santos (UFABC), Paris Yeros (UFABC), Regimeire O. Maciel (UFABC), Suze Piza (UFABC), Giorgio R. Schutte (UFABC) e Wilson do Nascimento Barbosa (USP). Agradeço também ao incentivo dos alunos e colegas da UFABC, em especial do Bacharelado em Relações Internacionais e do Programa de Pós-Graduação em Economia Política Mundial. Finalmente, gostaria de agradecer profundamente o apoio da minha família, Silvia, Téo e Felipe. Como diria o sociólogo Lucien Goldmann, toda obra é "transindividual", e esta não foge à regra.

---

2 Karl Marx, *O capital: Crítica da economia política*. Livro I. São Paulo: Boitempo, 2013, p. 90. 3 Gaston Bachelard, *Ensaio sobre o conhecimento aproximado*. Rio de Janeiro: Contraponto, 2015, p. 14.

I.
A personalidade africana

Algumas pessoas veem o passado apenas como o tempo de sua juventude que, como indivíduos e comunidades, superamos e deixamos para trás em nossa marcha rumo a uma maior maturidade ou progresso e desenvolvimento. De fato, é melhor ver o passado como os nossos antepassados fizeram, como nossa origem que define a essência de nosso ser, que pode ser modificada sob o impacto de várias influências, mas que permanece parte de nosso ser e que não se pode superar ou deixar para trás.

Jacob Ajayi[1]

A frase do historiador nigeriano Jacob Ajayi expressa uma verdade que deveria soar incômoda. No mundo contemporâneo, as gerações tendem sempre a se ver como modernas e únicas. Seria uma característica recente da humanidade? Talvez tenha sido assim desde tempos imemoriais. Mas é certo que a aceleração histórica provocada pela Revolução Industrial aprofundou tal percepção.

Quando essa impressão comum se transfere para o mundo das ideias, o que se vê é a proliferação de "novas" teorias e interpretações. É a busca pelo "novo" a qualquer custo que força originalidades e omite heranças intelectuais. Como se esse "novo" não carregasse, consciente ou inconscientemente, sua própria carga de passado.

Para não recair nessa tentação, começamos este livro sobre o pensamento africano revisitando os seus clássicos, com

---

1 Jacob Ajayi, "Tradition and Development, 1990". In: Toyin Falola (Org.). *Tradition and Change in Africa*. Trenton: Africa World Press, 2000.

a certeza de que muito do que refletiram e escreveram permanece atual. Partimos do fim do século XIX, quando os pioneiros dessa tradição intelectual iniciaram a construção da ideia de uma personalidade africana. Sumariamente, da existência de certas características histórico-culturais propriamente africanas, que justificariam a construção de uma modernidade (ou modernização) alternativa aos povos do continente. Vale uma pergunta retórica: seria essa uma preocupação exclusiva dos intelectuais africanos e afrodescendentes do século XIX?

Edward Blyden e as origens do nacionalismo africano (1870-1917)

O pensamento africano contemporâneo nasce como uma resposta das elites intelectuais da África e da diáspora africana ao desafio europeu expresso pelo colonialismo — mas não somente por isso. É igualmente uma resposta à grande transformação do mundo provocada pela consolidação da Revolução Industrial, que criou novos modos de produção, organização social, formas de pensamento e estilos de vida. É comum colocarmos a Conferência de Berlim (1884-85), que dividiu a África entre as potências europeias, como o marco do nascimento de uma nova era na história da África, a Era Colonial, quando esse desafio se apresenta para todo o continente africano. Enquanto generalização, o raciocínio parece correto. Todavia, vale lembrar que, em certas regiões da África, o processo de roedura do continente — a espoliação de bens e a divisão geopolítica por parte das nações europeias — já havia se iniciado décadas antes. Fato relevante para nossa discussão.

Antes da Conferência de Berlim, cerca de 20% do território africano já vivia em condições coloniais ou semicoloniais. Eram porções relevantes do continente: na África Ocidental, as regiões costeiras e ilhas do Senegal, a cidade de Freetown e seus arredores (Serra Leoa), as regiões meridionais da Costa do Ouro (Gana), e o litoral das regiões de Abidjan (Costa do Marfim), de Porto Novo (Benim) e de Lagos (Nigéria). Na África Setentrional, a Argélia. Na África Central, os portugueses estavam no litoral de Moçambique e Angola. A África Meridional estava largamente ocupada pelos europeus.[2]

Por todo o continente, desde o primeiro quarto do século XIX, a presença crescente dos europeus levava vários soberanos africanos a buscar formas de se defender por meio de uma renovação e modernização interna. Em particular, no aparato estatal e nas suas forças militares, com a aquisição de fuzis e canhões europeus. Tentou-se, inclusive, tirar proveito próprio dos diferentes interesses de certos grupos (missionários, abolicionistas, comerciantes) e países europeus (como França, Inglaterra, Portugal e Alemanha), opondo-se uns aos outros. Observando tal fenômeno, certos historiadores concluíram que esse esforço de autodefesa dos reinos africanos teria sido um elemento relevante na formulação de um projeto comum de colonização da África pelos países europeus, antes que isso não fosse mais possível.[3]

Em decorrência dessa progressiva influência dos europeus nas regiões litorâneas africanas, aumentou consideravelmente o número de africanos ocidentalizados — formados nas letras europeias e com educação cristã. Geralmente por intermédio das ações missionárias que se estabeleceram no início do século XIX. Trata-se de fenômeno bem mais antigo por causa da consolidação do tráfico escravista no continente entre os séculos XV e XIX. O historiador George Brooks, por exemplo, fez um estudo pormenorizado da relevância histórica desses

---

2 Albert Adu Boahen (Org.), *A África sob dominação colonial: 1880-1935*. 2. ed. Brasília: Unesco, 2010, p. 1.   **3** Godfrey N. Uzoigwe, "Partilha europeia e conquista da África: apanhado geral". In: ibid., p. 31.

africanos ocidentalizados nas sociedades litorâneas da África Ocidental.[4] O mesmo ocorreu em outras regiões costeiras. Já no século XV, filhos das elites do Reino do Congo iam estudar em Portugal. Desde o século XVIII, africanos livres do cativeiro conseguiam se formar intelectualmente na Europa, em geral, com a assistência dos abolicionistas. O caso mais famoso é o de Olaudah Equiano (1745-1797), que inclusive se autointitulava como "africano". Mas havia outros pioneiros, como Phillis Wheatley, Quobna Ottobah Cugoano, Elizabeth Hart Thwaites, Anne Hart Gilbert e Mary Prince.[5] No entanto, o que distingue o século XIX do período anterior é que, nesse momento, se tratava de uma inter-relação mais profunda e consolidada. Algo que permitiu o nascimento de uma intelectualidade africana dentro dos moldes europeus de época, tanto em termos qualitativos (por sua função e qualificação formal) quanto quantitativos (dado o número de integrados). Por isso, é o século XIX que marca o nascimento do pensamento africano contemporâneo.

Em tal contexto, em meados do século XIX, é possível observar dois fenômenos relevantes na formação do pensamento africano. O primeiro deles é a importância cada vez maior da diáspora africana. Em particular, aquela estabelecida nos Estados Unidos. O segundo é a consolidação do missionarismo cristão, da Europa e das Américas, para a África. Frequentemente, ambas questões estavam ligadas. E ambas foram igualmente relevantes para solidificação de uma herança intelectual africana e afro-diaspórica da época, majoritariamente de língua anglófona,

---

4 Gregory E. Brooks, *Euroafricans in Western Africa: Commerce, Social Status, Gender, and Religious Observance from the Sixteenth to the Eighteen Century.* Atenas: Ohio University Press, 2003. (Coleção Western African Studies)
5 Babacar M'baye, *The Trickster Comes West: Pan-African Influence in Early Black Diasporan Narratives.* Jackson: University Press of Mississipi, 2009.

no "Atlântico Negro".[6] Nessa herança, eram comuns as condenações do racismo europeu e da escravidão negra, e de certa identificação de si mesmo (como negros) e da África como "comunidade imaginada".[7]

Costuma-se ver aí concomitantemente o nascimento de um ideário pan-africanista.[8] Nesse escopo, estão incluídos afro-estadunidenses, como Martin R. Delany, Frederick Douglass e Alexander Crummell; africanos, como James "Africanus" B. Horton, John Mensah Sarbah, S. R. B. Attoh Ahuma, Bishop James "Holly" Johnson e Francis Z. C. Peregrino; e caribenhos, como Edward Wilmot Blyden e Henry Sylvester Williams. Este último, vale lembrar, foi o principal organizador do I Congresso Pan-Africano, em Londres, em 1900.

Edward Wilmot Blyden foi um ícone dessa geração. Diversas razões explicam tal fato. Em primeiro lugar, sua trajetória: embora fosse caribenho de origem (Ilhas Virgens), Blyden passou a maior parte da sua vida na África, vivendo na Libéria, em Serra Leoa e em Lagos (Nigéria). Foi para lá voluntariamente, tendo sua passagem paga pela Sociedade Americana de Colonização.[9] Ainda jovem, nas Ilhas Virgens e nos Estados Unidos,

---

6 Paul Gilroy, *O Atlântico negro: modernidade e dupla consciência*. Rio de Janeiro: Universidade Candido Mendes/São Paulo: Editora 34, 2001. 7 Benedict Anderson, *Comunidades imaginadas: reflexões sobre a origem e a difusão do nacionalismo*. São Paulo: Companhia das Letras, 2008. 8 Defino o uso do termo seguindo P.O. Esedebe (1994): "Movimento político e cultural que considera a África, os africanos e os descendentes de africanos de além-fronteiras como um único conjunto, e cujo objetivo consiste em regenerar e unificar a África, assim como incentivar um sentimento de solidariedade entre as populações do mundo africano". Ademais, acreditamos que o pan-africanismo deva ser entendido mais como um ideário político do que como uma ideologia política. Neste momento, tal distinção não é relevante. Sobre esse particular, ver Muryatan S. Barbosa (2016). 9 A Libéria se tornou independente em 1847. Antes disso, desde 1821, o território era uma colônia da empresa Sociedade Americana de Colonização, criada com a intenção de se tornar um lugar de retorno aos cativos e ex-cativos livres que viviam

formou-se missionário. Posteriormente na África, tornou-se professor, político, escritor, jornalista e diplomata. Era poliglota e erudito em várias línguas e culturas (inglesa, espanhola, árabe, latina, grega e africanas). Disputou a presidência da Libéria, em 1885, mas foi derrotado. Neste período, após entrar em conflito com parte da elite local, mudou-se para Serra Leoa. Assumiu postos diplomáticos e foi representante governamental da Libéria nos Estados Unidos e no Reino Unido, e visitou diversos países dentro e fora da África. No fim da vida, residiu em Lagos por curto período antes de retornar à Libéria, onde faleceu em 1912.

Essa trajetória formou boa parte do pensamento de Blyden, ligado tanto às questões da diáspora como as da própria África. De início, foi para lá porque acreditava na possibilidade real de "regeneração da raça negra" a partir do continente. Com o tempo este sentimento tornou-se abertamente nacionalista africano, na medida em que passou a defender um autogoverno local que deveria ser construído gradualmente a partir da Libéria e de Serra Leoa, até englobar toda a África Ocidental. Neste projeto, tornou-se, com o tempo, um crítico da pigmentocracia (ou hierarquia social baseada na cor da pele) na região. Em particular na Libéria, pois via que ali se estava estabelecendo uma dominação de

nos Estados Unidos ou que tinham sido resgatados de navios negreiros. Paradoxalmente, era apoiada tanto por ex-donos de escravos quanto por abolicionistas, que acreditavam que lá eles teriam maior segurança e possibilidades de sobrevivência do que nos Estados Unidos. Sobretudo após a assinatura do Ato Contra os Escravos Fugidos (1850), pela qual se podia requerer a propriedade de qualquer pessoa negra que não comprovasse seu direito à liberdade. Com o tempo, os recém-chegados formaram uma elite local que fundou a nação, mantendo seu domínio sobre a população autóctone, majoritariamente do interior. A cidadania plena só foi instaurada para esses em 1903. Entre 1822 e 1906, aproximadamente 18 mil afro-americanos e africanos retornados migraram para a Libéria. Como pode ser visto mais detidamente em Monday Akpan, "Libéria e Etiópia: a sobrevivência de dois Estados africanos". In: Albert Adu Boahen (Org.), op. cit., p. 282.

"mestiços" da diáspora (ou seus descendentes) contra os autóctones africanos.[10] Aprofundando seus estudos nos últimos anos de vida, pesquisou sobre os valores civilizatórios africanos. Fez então a defesa, de forma pioneira, do que chamou de personalidade africana — que se poderia observar da centralidade que se dava na África à família, à vida coletiva, ao uso comum da terra e da água e à regulação das funções sociais.[11] Concluiu que, para construir uma unidade africana a partir dessa personalidade, seria necessário "reafricanizar" a África litorânea, aculturando as populações citadinas ao meio africano rural, interiorano.[12]

Desde o trabalho pioneiro de Hollis Lynch sobre Blyden,[13] tem-se escrito e pesquisado sobre essa figura emblemática. Parte dos seus escritos é hoje mais acessível. Em geral, ele é tido tanto como um dos "pais" do pan-africanismo[14] quanto

---

10 Hakim Adi e Marika Sherwood, *Pan-African History: Political Figures from Africa and the Diaspora since 1787*. Londres: Routledge, 2003. 11 Edward W. Blyden, "African life and customs". In: Henry S. Wilson (Org.), Origins of West African Nationalism. Londres: Macmillan, 1969. 12 Hakim Adi e Marika Sherwood, op. cit. 13 Hollis R. Lynch, *Edward Wilmot Blyden, Pan-Negro Patriot 1832-1912*. Londres: Oxford University Press, 1967. 14 Para um detalhamento das origens e temáticas clássicas do pan-africanismo, ver, entre outros: Colin Legum, *Pan-Africanism: A Short Political Biography*, 1965; P. O. Esedebe, *Pan-Africanism: The Idea and the Movement*, 1982; Robert July, *The Origins of Modern African Thought*, 1968; John H. Clarke, "Pan-Africanism: A Brief History of an Idea in the African World" (*Présence Africaine*, n. 145, 1988); Adekunle Ajala, *Pan-Africanism: Evolution, Progress and Prospects*, 1973; P. Decraene, *Le Panafricanisme*, 1959; V. Bakpetu Thompson, *Africa and Unity: The Evolution of Pan-Africanism*, 1969; Robert Chrisman, *Pan-Africanism*, 1974; Ras Makonnen, *Pan-Africanism from within*, 1973; Tony Martin, *Pan-African Connection: From Slavery to Garvey and Beyond*, 1985; Hakim Adi, *Pan-Africanism and Communism: The Communist International, Africa and the Diaspora, 1919-1939*, 2013; Marika Sherwood, *Origins of Pan-Africanism: Henry Sylvester Williams, Africa, and the African Diaspora*, 2010; Hakim Adi e Marika Sherwood, *The 1945 Manchester Pan-African Congress Revisited: With Colonial and Coloured Unity* (The Report of the 5th Pan-African Congress); Hakim Adi e Marika Sherwood, *Pan-African History: Political Figures from Africa and the Diaspora since 1787*, 2003; Hakim Adi, *Pan-Africanism: A History*, 2018.

um dos pioneiros do nacionalismo africano. Os dois títulos são justos. Mas certas contradições e ambivalências do autor também devem ser destacadas. Por exemplo, há dúvidas sobre se o seu conceito de raça negra havia se livrado do romantismo racialista e mesmo do racismo científico do século XIX.[15] Questiona-se, do mesmo modo, como fica seu nacionalismo diante do seu indisfarçável compromisso com os interesses estadunidenses e britânicos na região. E, vale lembrar, Blyden chegou a fazer a defesa do colonialismo europeu na África — britânico, especialmente. Segundo ele, esse seria o único modo de assegurar o caminho do autogoverno africano, a ser futuramente criado.

Todas essas considerações merecem reflexão. Parte delas pode ser explicada por questões conjunturais. Por exemplo, sua defesa do colonialismo europeu deve ser entendida em sua época; dado que, para ele, tal fenômeno seria inevitável. Tendo isso em conta, ele pretendia advogar por uma tutela, em vez da conquista. Por outro lado, Blyden era parte de uma elite pequena de africanos e afro-americanos educados nas missões cristãs europeias e estadunidenses. Inicialmente, na segunda metade do século XIX, existiam três regiões em que esse fenômeno foi mais forte: África do Sul, África Ocidental e Angola. Foi só no início do século seguinte que tal tendência se ampliou para outras regiões da África, já sob domínio colonial. Entre esses pioneiros, muitos eram "protonacionalistas", outros podem ser considerados mais propriamente como nacionalistas à medida que eram mais afirmativos em sua defesa do autogoverno africano. Fazia-se a defesa das instituições africanas como caminho próprio para o progresso, desde que auxiliadas pela ajuda externa. Por fim, para muitos desses, se deveria unir política e religião, buscando-se

---

15 George M. Fredrickson, *The Black Image in the White Mind: The Debate on Afro-American Character and Destiny, 1817-1914*. New Hampshire: Wesleyan University Press, 1987.

"africanizar" (com alcances e conteúdos diversos) o cristianismo.[16] Não era um movimento coeso. Tratava-se de uma diversidade de ativismos com sentido próximo, que se convencionou chamar de "Etiopismo".[17] Crescia aí, portanto, um nacionalismo político e cultural que será retomado e transformado pela geração futura de pensadores e ativistas africanos. Libéria e Serra Leoa eram pontos centrais dessa ebulição política, cultural e religiosa.[18] Voltemos à análise da trajetória específica do autor e ativista. Desde sua chegada ao continente, Blyden foi construindo uma visão cada vez mais positiva sobre a potencialidade da África e dos africanos. De início, serviu basicamente como um propagandista da ideia de colonização afro-americana, principalmente da Igreja Presbiteriana dos Estados Unidos. Como secretário de Estado da Libéria, em 1864, organizou campanhas de cristianização dos nativos do interior. Depois de conflitos com a elite local litorânea (basicamente descendentes da diáspora) e diversas viagens ao interior de Serra Leoa e Libéria, na década de 1870, passou à defesa dos africanos e do autogoverno.

16 Henry S. Wilson, "Introduction". In: Id., op. cit. 17 Etiopismo: fenômeno social amplo de cunho religioso e político africano, nascido no último quarto do século XIX, que pretendia formar Igrejas africanas autônomas, independentes das missões coloniais. Alguns líderes desse movimento fundaram sua própria leitura do cristianismo, como Tiyo Soga, Nehemiah Tile, Orishtukeh Faduma, Bishop James Johnson, John Langalibalele Dube, John Chilembwe e outros. O termo deriva do fato de que a palavra Etiópia, como referência à África, aparece em diversas passagens da Bíblia, em que esses autores se tornaram especialistas. Por outro lado, refere-se concomitantemente à influência simbólica, religiosa e política que a Etiópia da época tinha sobre os africanos cristãos. Historicamente, lá já haviam se formado sociedades cristãs importantes e autônomas, como a civilização de Axum (IV d.C.) e os reinos etíopes. Vale lembrar ainda que a Etiópia foi o único país africano a conseguir impedir, militarmente, a conquista europeia à época; mais especificamente, a italiana. 18 Salawu Adewuni, "Reviving the Past: West African Nationalism Rediscovered". *International Journal of Sustainable Development*, n. 2, 2008, pp. 6-7.

Desde então, para ele, eram os afro-americanos que deveriam se civilizar na personalidade africana, e não o contrário. E nisso incluía os cristãos (como ele) e islâmicos, não africanizados.

Vale refletir um pouco mais demoradamente sobre esse ponto, pois ele ajuda a entender a especificidade e a herança posterior de Blyden no pensamento africano. A ideia de uma personalidade africana era pioneira. Boa parte do seu trabalho em torno desse tema foi publicada no livro *Vida e costumes africanos* (1908). Também havia diversas passagens a expressar esse raciocínio em seu livro mais conhecido à época, *Cristandade, Islã e a raça negra* (1888). Nele, Blyden argumenta que o islamismo, de modo geral, teria uma atitude mais positiva do que o cristianismo em relação às culturas africanas. Isso porque, segundo ele, o primeiro tendia a se difundir na África pela conversão voluntária, enquanto a cristandade o faria majoritariamente pela ação colonial, pelo poder da força e pela hipocrisia.

Ao dizer isso, Blyden não estava deblaterando cristãos e europeus. O que ele queria era se colocar como alguém que poderia melhorar o trabalho missionário imperial. E, para isso, necessitava de mais fundos e apoio para sua empreitada. Tanto é assim que, como analisaram seus comentadores, o argumento mudava conforme o seu público leitor. Em particular, de acordo com sua nacionalidade (estadunidense ou inglês) e religião (católico, protestante ou judeu). Em suma, Blyden, em seu projeto de iniciar um autogoverno africano a partir do apoio imperial, se colocava como um intermediário temporário. Diz-se que ele estava tão convencido da veracidade desse projeto que passou a se ver por uma óptica messiânica, como alguém que conduzia uma missão divina para a regeneração da "raça negra" a partir da África.[19]

19 Edward E. Curtis, *Islam in Black America: Identity, Liberation, and Difference in African-American Islamic Thought.* Nova York: State University of New York Press, 2002, p. 36.

Essa tática de Blyden pode ser atestada ao longo de sua trajetória, à medida que o autor criou diferentes argumentos buscando defender a urgência de tal autogoverno. Para isso abusou do seu nacionalismo cultural. Por vezes, tal estímulo levou a considerações poéticas. Antes de Léopold S. Senghor, por exemplo, disse que a África era o símbolo do "feminino", que se tornaria cada vez necessário à humanidade.[20] Por outras, esbarrou em generalizações raciais distorcidas. É o caso de quando definiu negros e judeus como "raças espiritualistas", em oposição às "raças imperialistas", como as "caucasianas".[21]

A própria ideia de personalidade africana muitas vezes se confundiu com a de personalidade racial, negra. Não por acaso, geralmente isso se dava quando o autor falava para um público afro-estadunidense, tentando convencê-los a ir para a Libéria.[22] O melhor argumento nesse ponto específico, porém, foi sintetizado em seu último livro: família, vida coletiva, uso comum da terra e da água, regulação das funções sociais. Essa seria a base da ordem social africana e, como tal, sua personalidade própria.[23]

Em sua trajetória, Blyden talvez seja o intelectual público que construiu os melhores argumentos para o nacionalismo africano de então, dirigindo-se tanto às autoridades coloniais quanto aos nacionalistas africanos e à opinião liberal externa (brancos e afro-americanos, britânicos, judeus, árabes). Além disso, afora o pragmatismo anti-imperialista (disfarçado de imperialista), o autor soube perceber, como poucos à sua época, os valores civilizatórios africanos, que deveriam ser dinamizados para construir a modernidade própria africana.

---

20 Edward Blyden, *Christianity, Islam and the Negro Race*. Baltimore: Black Classic Press, 2013, p. 48. **21** Id. *The Jewish Question*: 11-13. In: Curtis, 2002, p. 40. **22** Por exemplo: Edward Blyden, "Study and Race", in: Wilson, op. cit., pp. 249-53. **23** Id. "African Life and Costumes", ibid., p. 255.

Vale citar o próprio autor, em 1908, num escrito que provavelmente tinha algo de autobiográfico:

> Houve uma época em que o nativo africano, criado à moda europeia, olhava para tudo europeu como absolutamente superior, e algo indispensável para a obtenção da maior felicidade e usufruto do Homem neste mundo, até mesmo para sua salvação além do túmulo. Ele olhou para o método europeu de acumular riqueza, a durabilidade e excitação do comércio, o sistema bancário, a possessão individualista [...]. Mas uma vasta, triste e crescente experiência provou a ele, no que diz respeito à felicidade para si mesmo e para o sucesso de sua prole, que essas coisas são apenas "cisternas quebradas que não podem conter água". [...] Nem um nativo civilizado que há cinquenta anos era rico em seu país no sentido europeu deixou qualquer descendente que hoje não viva de "mão para a boca"; e não há perspectiva de que as coisas sejam melhores no futuro. O africano está, portanto, rapidamente chegando a uma revisão de suas ideias imaturas anteriores sobre esse assunto. Há hoje centenas de africanos autodeclarados "civilizados" que estão retornando para si mesmos, como africanos. Eles compreenderam os princípios subjacentes à ordem econômica e social da Europa e os rejeitaram como não sendo iguais aos seus, por não prover os meios adequados às necessidades normais de todos os membros da sociedade presente e futura — desde o nascimento até a morte. Eles descobriram todos os locais de desperdício, toda a nudez do sistema europeu, tanto pela leitura como pela viagem. A grande riqueza não pode mais deslumbrá-los e ocultar de sua visão as vastas massas da população que vivem sob tal sistema que é supostamente ideal, mas que não garante nenhuma terra de uso para si ou para os outros, formando o grande

número de seres humanos que viram esses "produtos residuais" recrutados geração após geração. E esses chamados africanos civilizados estão resolvidos, tanto quanto puderem, a salvar a África de tal destino. Eles hoje observam que na estrutura social da Europa há três elementos permanentes — Pobreza, Criminalidade, Insanidade — pessoas que vivem em casas de trabalho, prisões e asilos para lunáticos...

Agora sob o sistema africano de propriedade comunal e esforço cooperativo, cada membro de uma comunidade tem um lar, suficiente alimento, roupas e outras necessidades da vida e para a vida; e seus filhos depois dele têm as mesmas vantagens. Nesse sistema não há "casas-trabalho" e não há necessidade de tal arranjo. Embora, de acordo com os ideais europeus, aí as pessoas vivam em um nível inferior, ainda não há nem desperdício nem desejo insatisfeito, pois há sempre o suficiente e de sobra. E eles sempre têm o poder e a vontade de oferecer uma generosa hospitalidade... A ordem de vida africana não é o resultado de um acidente. Nasce de séculos de experiência, e é o resultado de uma lógica filosófica sem falhas.[24]

Vale salientar que esse nacionalismo africano, pioneiro em sua época, era menos combativo do que as resistências de muitos soberanos e líderes populares religiosos ao colonialismo europeu. Na própria África Ocidental, por exemplo, sobretudo nas regiões posteriormente conquistadas pelos franceses, houve inúmeras revoltas e conflitos militares entre 1880 e 1900. Vários reis africanos de então se recusaram à colonização e à assimilação pelo cristianismo, defendendo sua soberania com táticas que mesclavam com ardil acordos diplomáticos e oposição bélica. O mais conhecido desses, na África Ocidental, foi

24 Id. "1908", Ibid., pp. 249-59. Tradução livre.

Samori Touré (1830-1900), chefe do Império Mandinga. Touré, ao se apoderar de armas europeias novas por intermédio de Serra Leoa, conseguiu manter uma guerra de guerrilhas que persistiu durante mais de vinte anos na região. Nesse caso, assim como os de muitos outros no norte da África e no Magreb, em especial, a confrontação com os europeus era igualmente uma questão religiosa. Afinal, tratava-se de uma luta contra a subordinação aos infiéis, algo que é considerado um pecado gravíssimo na tradição muçulmana.[25]

O fato é que, após vinte anos (1880-1900), somente a Etiópia — sob as lideranças de Teodoro II e Menelik II — manteve-se autônoma. Olhando retrospectivamente, parece fácil concluir acerca de uma suposta "inutilidade" de tais resistências. Mas essa é uma percepção anacrônica. Pelo contrário, dada a violência da guerra de conquista europeia, a resistência armada parecia a única alternativa possível. E se os soberanos africanos tivessem tido a capacidade de se unir diante do avanço europeu, como foi tentado em algumas regiões do continente, a conquista teria tido muito mais dificuldade de se impor.[26]

Evidentemente, muitos intelectuais africanos de então, em particular nas regiões muçulmanas, também se opuseram frontalmente à conquista europeia. Havia apoio aos soberanos que lutavam. Em verdade, já no Renascimento Egípcio (1805-1881), durante os reinados de Muhammad Ali e Ibrahim, que tentaram modernizar o Estado e as forças militares egípcias, havia a defesa intelectual da autonomia diante do Império Otomano e dos europeus. No entanto, tais intelectuais defendiam os seus soberanos e o seu povo enquanto nacionalistas egípcios, árabes. Os etíopes, do mesmo modo, se viam em defesa do seu nacionalismo local, etíope e cristão. Era a defesa de seu grupo, povo, reino e religião contra a invasão estrangeira. Algo

25 M'Baye Gueye, op. cit.   26 Ibid.

parecido pode ser dito do jornalismo angolano de fins do século XIX. Isso, apesar de seu inegável caráter emancipatório, como nos artigos de José de Fontes Pereira (1823-1891) — que se autodefinia como "Apóstolo fervoroso da liberdade e da emancipação" — ou na coletânea *Voz d'Ángola clamando no deserto: Oferecida aos amigos da verdade pelos naturaes*, de 1901.[27] Pode haver exceções pontuais, mas em geral eles não se viam como africanos, tal qual os nacionalistas da África Ocidental de época o faziam.

Nesse cenário, faz sentido dar relevância ao papel de intelectuais como E. Blyden. É verdade que essa ideia de "africano" tinha uma boa dose de racialismo. Muitas vezes se falava da África como o "lar da raça negra". De modo geral, quando falavam em África, não estavam pensando na África muçulmana, mesmo que essa fosse formada majoritariamente por uma população escura, ou seja, fundamentalmente negra. Eles estavam defendendo a "África negra", sul-saariana.[28] Eram defensores de uma África "pan-negrista". Daí a citação de época de ícones da "raça" do século XIX, como Toussaint L'Ouverture, Menelik II e do brasileiro Luiz Gama, em Angola.[29] E da referência constante na imprensa da época a países autogovernados por africanos ou afrodescendentes, como o Egito faraônico, Haiti, Etiópia e Libéria. Ou ainda da exaltação da beleza feminina negra ainda no século XIX, como em Caetano da Costa

---

27 Moreno, 2014; Hernandez, 2010. **28** Tal qual Eduardo Devés-Valdés em *O pensamento subsaariano: Conexões e paralelos com o pensamento latino-americano e o asiático (um esquema)*, op. cit., optamos pelo termo "sul-saariano" em vez de "subsaariano", mais carregado de estereótipos.
29 Helena W. Moreno, *Voz d'Angola clamando no deserto: protesto e reivindicação em Luanda (1881-1901)*. Orientação: Leila M. G. Leite Hernandez. Dissertação de Mestrado. Departamento de História, USP, 2014, p. 112.

Alegre, natural de Portugal e residente em São Tomé,[30] e Joaquim Dias Cordeiro da Matta, de Angola.[31]

Ainda assim, nesse cenário, Blyden tem um mérito ímpar. Em primeiro lugar porque foi o único a incorporar em suas reflexões tanto a África ancestral quanto a África islâmica e cristã. Pensou a África dentro da "tríplice herança", como caracterizaria um século mais tarde o cientista político Ali Mazrui. Assim como iniciou a busca por uma personalidade africana, e interessou-se por uma história africana com suas dinâmicas próprias, que teria se desenvolvido nas relações entre as diversas "raças africanas" na antiguidade. Aí incluídos os etíopes e os egípcios.[32] Em suma, foi o autor que mais trabalhou pela formação de uma africanidade continentalista, que seria a base de um futuro Estado unitário.

Entreguerras (1917-1939): O nacionalismo africano e o papel da diáspora

Os primeiros anos do século XX são marcados por um nacionalismo intelectual ainda de elite na África. Mesmo esse nacionalismo, porém, passará por censuras e repressões durante o período, marcado pela consolidação do colonialismo no continente. Em especial, na década de 1930, quando as autoridades coloniais, temerosas do aumento das revoltas locais, aumentaram a vigilância contra tal elite ilustrada africana.

Apesar disso, entre 1900 e 1930, o nacionalismo africano conseguiu subsistir. Cabe citar a formação de algumas organizações de destaque, como o Congresso Nacional Africano (África do Sul, 1913), a Liga da Juventude da África Ocidental

---

30 Wole Soyinka, "As artes na África durante a dominação colonial". In: Albert Adu Boahen (Org.), op. cit., p. 654 31 Helena W. Moreno, op. cit., p. 108.
32 Edward W. Blyden, *Christianity, Islam and the Negro Race*, p. 205.

(Serra Leoa, 1935), a Federação da Nigéria (Lagos, 1914) e o Congresso Nacional da África Ocidental Britânica (Londres, 1920).[33] A base de legitimidade de tais organizações era sua postura constitucionalista e crítica dura aos abusos do sistema colonial. Por isso eram perseguidas naquele momento, e tinham dificuldades para se estruturar. Mas existiam outras formas de resistência: o meio sindical, por exemplo, foi fundamental. Significativa também foi a militância de centenas de jornais da imprensa africana, que proliferaram abertamente ou de forma clandestina. Vale lembrar das dezenas de clubes e agremiações de jovens. Igualmente importantes foram as várias revoltas populares contra o colonialismo, tanto no meio rural quanto no urbano, englobando greves e boicotes. Por fim, vale destacar as mobilizações religiosas, islâmicas e cristãs, de cunho popular.[34] Mesmo sem a força e a coesão necessárias para ameaçar as administrações coloniais, elas desgastaram gradualmente o sistema colonial. Tal fato, junto com os efeitos da Primeira Guerra Mundial e da depressão econômica dos anos 1930 no continente, abriram espaço para a ação dos nacionalistas africanos, inclusive no meio rural.

Um autor e ativista de destaque do nacionalismo africano dessa época foi Joseph E. Casely Hayford (1866-1930), autointitulado discípulo de Blyden. Hayford era de origem Fanti, natural da Costa do Ouro, e se formou na Inglaterra como jornalista, escritor e advogado. Em seu primeiro livro de destaque, *Instituições nativas da Costa do Ouro* (1904), discorreu sobre a história das instituições de seu país, além de criticar a corrupção

---

33 Hans Kohn e Wallace Sokolsky, *El Nacionalismo Africano en el Siglo XX*. Buenos Aires: Paidós, 1968, p. 235. **34** Ver dois autores a respeito do tema: Elikia M'Bokolo (*África negra: história e civilizações*. Tomo II. Salvador: EDUFBA/ São Paulo: Casa das Áfricas, 2011, p. 552-555) e E. B. Olatunji Oloruntimehin ("A política e o nacionalismo africano, 1919-1935". In: Albert Adu Boahen, op. cit.).

e os desmandos da administração colonial. À época, Hayford já via Blyden como o precursor de um pensamento africano. No prefácio que escreveu para o livro *A África Ocidental antes da Europa* (1905), Hayford demonstrou a originalidade de Blyden em relação aos autores afro-americanos da época. Sobretudo, dizia ele, por conta dele abarcar a questão negra em sua totalidade, ou, em suas palavras, como algo "universal, cobrindo a raça inteira e a totalidade do problema da raça". Como assinalou Eduardo Devés-Valdés (2008), Hayford queria dizer que Blyden seria universalista, enquanto os afro-americanos tenderiam ao provincianismo. Por isso, ele entendia que o pensador liberiano teria iniciado uma escola africana de pensamento, em que o negro estaria comprometido com a "descoberta de seu verdadeiro lugar na criação, de acordo com as linhas naturais e raciais".[35]

Hayford foi politicamente muito ativo, na África Ocidental e em Londres, onde manteve relações intelectuais e profissionais. Foi membro da Gold Coast Aborigines' Rights Protection Society (GCARPS, fundada em Londres, em 1897), que lutava pelo direito dos africanos à posse da terra. Trabalhou também pela formação da Associação de Pesquisa da Costa do Ouro (1915). Na década de 1920, tornou-se o principal organizador do Congresso Nacional da África Ocidental Britânica.

Uma luta, em especial, pela qual Hayford trabalhou por toda sua vida foi a criação de uma educação africana, com currículo e instituições próprias. Algo que lhe parecia indispensável para a construção de um projeto de autogestão na África Ocidental; que ele passou a defender explicitamente desde a publicação do livro *A verdade sobre a questão da terra na África Ocidental* (1913). Mas, para que isso fosse alcançado, Hayford defendia uma linha reformista.[36] E, nesse contexto, destacava

---

35 J. E. Casely Hayford, 1905, apud Devés-Valdés, 2008, p. 68. **36** Hakim Adi e Marika Sherwood, op. cit., p. 83.

o tema da educação africana. Em seu segundo livro, *Etiópia desacorrentada* (1911), que teve boa difusão na África naquele período, proclamou que "O aspecto crucial da questão educacional, tal como ela afeta os africanos, está em que os métodos ocidentais os desnacionalizam. Eles se convertem em escravos de modos de vida e pensamento estrangeiros".[37]

Nesse período, a preocupação com a educação era central para os pioneiros do nacionalismo africano, pois eles acreditavam que ali estaria a base para a formação das elites locais que futuramente construíram a nação. Eles temiam pelo aprofundamento de uma educação guiada pelos europeus, à medida que essa, para eles, engendraria uma excessiva europeização. Hayford lutou pela construção de uma universidade na África Ocidental controlada pelos próprios africanos.

Talvez por causa disso, uma das figuras mais lembradas do período pelos nacionalistas africanos posteriores seja a de um educador: James E. K. Aggrey (1875-1927). Aggrey também era natural da Costa do Ouro. Foi missionário e formou-se como educador e professor nos Estados Unidos. Era conhecido como pessoa erudita e poliglota. Em 1920, retornou à África, com uma bolsa de estudos de uma fundação estadunidense para pesquisar possíveis aprimoramentos na educação das colônias africanas. Sua retórica então era de um "patriota" africano, continentalista, e expressava seu desejo de ser um "porta-voz para todo o meu país: África, minha África".[38] Nessa posição visitou vários países do continente, dando palestras na Nigéria, Serra Leoa, Libéria, Costa do Ouro, Camarões, Congo Belga, Angola e África do Sul. Sua presença, assim como seus discursos, parece ter encantado tanto os estudantes

---

37 J. E. Casely Hayford, 1911, apud Hans Kohn e Wallace Sokolsky, op. cit., p. 40.
38 James E. K. Agreey apud Edwin W. Smith, *Aggrey of Africa*: *A Study in Black and White*. Nova York: Richard R. Smith Inc., 1930, p. 56.

africanos (conforme testemunharam posteriores líderes das independências africanas, como Kwame Nkrumah, de Gana, e Nnamdi Azikiwe, da Nigéria) quanto administradores coloniais mais liberais, que lhe fizeram vice-diretor do colégio superior de Achimota, em Acra (Costa do Ouro), em 1924. Por lá, estimulou o ensino de ciências que se voltavam para a especificidades "africanas" e locais, enfocando história, geografia, agronomia, matemática e as leis e instituições nativas. Acreditava que se poderia criar uma África "civilizada", "cristã", mas não ocidentalizada.[39] Qual seria essa mensagem que Aggrey trazia, que seduzia os dois lados da fronteira colonial? Para ser sucinto, fiquemos com seu mais famoso adágio do piano: "Você pode tocar uma espécie de melodia só com as teclas brancas, e você pode tocar uma espécie de melodia só com as teclas pretas, mas para que se produza uma verdadeira harmonia é preciso utilizar ambas, pretas e brancas".[40] Ou seja, uma pregação pela harmonia racial. Algo que soa bastante sentimental ao gosto contemporâneo, mas que à época, em pleno colonialismo, só poderia ser dito por alguém que tinha um apoio político considerável (graças ao seu trabalho missionário), sobretudo tendo em conta que se tratava de um homem negro. E de fato ele lutou pela criação de comitês birraciais na África do Sul, para consulta e discussões de questões públicas.[41] Além da igualdade das raças, ele defendia a igualdade de gênero. É dele a frase emblemática: "A maneira mais certa de manter a população sob controle é educar os homens e negligenciar as mulheres. Quando se educa um homem, simplesmente se educa um indivíduo, mas, se educamos uma mulher,

39 Felipe Paiva, "Aprendendo a voar: James Aggrey e os anos de formação de Kwame Nkrumah". *Revista de História* (São Paulo), n. 177, a07517, 2018, p. 14.
40 Agreey apud Sylvia Jacobs, "James Emman Kwegyir Aggrey: An African Intellectual in the United States". *The Journal of Negro History*, v. 81, n. 1/4, Inverno-Outono, 1996, p. 47.   **41** Paiva, op. cit., p. 10.

educamos uma família".[42] Ainda hoje se trata de uma questão central para a educação africana.

Hayford e Aggrey eram intelectuais de exceção na África do período entreguerras, tanto pela formação e qualificação intelectual quanto pela influência social que alcançaram. Mas eram poucos os que conseguiam, exibindo uma postura anticolonialista, se manter vivos e trabalhando no continente.[43]

Existem várias razões específicas para tal fato. A questão primordial era a violência e a repressão colonial. A segunda era que, no período entreguerras, muitas das administrações coloniais na África preferiram adotar a chamada "administração indireta", buscando promover a intermediação das elites tradicionais em detrimento das novas elites africanas, intelectualizadas. Não por acaso, de modo geral, o nacionalismo africano que saiu vitorioso posteriormente tinha sérias reservas à tal elite tradicional africana, dado seu papel bastante ambíguo nessa conjuntura. A terceira razão, ligada à anterior, foi a difusão que as doutrinas fascistas, de forte viés racista, passaram a ter nas colônias africanas nessa época, mesmo naquelas

---

42 James E. K. Agreey apud Sylvia Jacobs, op. cit., p. 47.   **43** Pode-se citar outros, como Lamine Senghor (1889-1927), Blaise Diagne (1872-1934), Garan Kouyaté (1902-1942), em Senegal; Nathaniel A. Fadipe (1893- 1944), Ladipo Solanke (1886-1958) na Nigéria; Kobina Sekyi (1892-1956), na Costa do Ouro; Solomon Plaatje (1876-1932) na África do Sul; I.T.A. Wallace-Johnson (1894-1965), em Serra Leoa. Apenas em regiões semicolonizadas, em particular, na África do Nordeste, viu-se consolidar um movimento nacionalista realmente forte à época. Foi o caso do Egito, que, sob protetorado britânico, viu nascer a Delegação Egípcia, que conseguiu unir as diversas tendências nacionalistas locais. Inclusive proclamando a independência egípcia em 1922, ainda que de forma limitada. No entanto, mais uma vez, tratava-se ali de uma unidade que se via dentro da tradição nacionalista e/ou islâmica. Ou seja, não continentalista, nem africana (Hassan Ibrahim, "Política e nacionalismo no nordeste da África, 1919-1935". In: Albert Adu Boahen (Org.), op. cit., pp. 677-83.

teoricamente mais "liberais", como as francesas.[44] De fato, todo o sistema colonial era baseado no racismo. Mas nesse momento específico, o racismo fascista, de viés eugênico, tornou-se mais ideologizado e institucionalizado por toda a África.

Por tudo isso, o nacionalismo africano de então deveu muito à participação dos intelectuais e ativistas da diáspora. Tal proximidade entre o pensamento africano e o diaspórico, em particular, pan-africanista, entre 1917 e 1935, levou certos autores a ver o primeiro (africano) como mera extensão do segundo (diaspórico) nesse momento histórico. E a relevância contextual do conceito de raça seria o melhor exemplo desse fato.[45] Mas, além de influências de ideias, deve-se ter em conta a relevância internacional das categorias raciais entre fins do século XIX e início do XX. Era a fase áurea do supremacismo racial branco, que se concretizava na expansão colonial europeia na África e Ásia e na subalternização das populações não europeias nas Américas, no período pós-abolição. Um fenômeno global que adquiriu características específicas em cada região, de acordo com as particularidades nacionais ou locais de suas relações étnico-raciais.[46] Evidentemente, tal fato não passou despercebido pelos intelectuais africanos e afro-americanos de então. E é algo que explica mais a presença da raça nessa herança intelectual do que uma questão de influências pontuais de época. É uma "invocação" da raça, em busca da sobrevivência.[47]

Nesse contexto, autores, ativistas e artistas da diáspora foram fundamentais na consolidação do movimento pan-africanista e do pensamento africano no período entreguerras. Sem

---

44 Oloruntimehin, op. cit., p. 665. 45 Kwame Appiah, *Na casa de meu pai: A África na filosofia da cultura*. Rio de Janeiro: Contraponto, 1997.
46 Entre outros: George M. Fredrickson, 1981; Donald Dennon, 1983; Eric Wolf, 2008; Anthony W. Marx, 2003; Dirk Moses, 2008. 47 Achille Mbembe, *Crítica da razão negra*. Lisboa: Antígona, 2014, p. 69.

exclusão de outros e outras, vale citar: Arturo A. Schomburg, Benito Sylvain, Sylvester Williams, Marcus Mosiah Garvey, Anna Copper, W. E. Du Bois, Dusé Mohamed Ali, René Maran, Alain Locke, Paul Robeson, Claude McKay, Jean Price-Mars, Harold Moody, René Ménil, Langston Hughes, Richard Wright, Paulette Nardal, Jeanne Nardal, Suzanne Roussi Césaire, George Padmore, Aimé Césaire, T. R. Makonnen, Amy Ashwood, Amy E. Jacques Garvey, Claudia Jones, Eric Williams, Frantz Fanon, C. L. R. James. Aqui só poderemos referenciar alguns desses, e o faremos levando em conta sua relevância para o pensamento africano posterior.

Comecemos por Marcus Garvey. Jamaicano de origem, Garvey fez sucesso nos Estados Unidos no início do século XX com seu slogan favorito: *Race first!* Acreditava que os agrupamentos humanos se moviam por pertencimentos raciais, e que a "raça negra" deveria fazer o mesmo. Garvey não foi um acadêmico, mas um homem de ação política. Tinha carisma e se comunicava bem com as multidões. Suas passeatas em prol dos negros reuniam milhares de adeptos no Harlem, em Nova York. Com isso, ganhou projeção internacional a partir da imprensa americana.

Tal difusão devia muito ao argumento religioso pelo qual Garvey defendia uma posição afirmativa do ser negro. Para ele, tudo aquilo que impedisse a sua realização plena ia contra os desígnios de Deus, que teria feito todos os homens iguais. Tal discurso servia tanto no combate ao racismo quanto para elevar o moral da população negra. Afinal, um negro complexado e infeliz seria alguém em desacordo com a vontade divina.

Sua retórica era de um anti-integracionismo convicto. Algo que para ele também tinha, em última instância, uma justificativa religiosa. Acreditava que Deus havia criado continentes específicos para as raças, os "brancos" na Europa, os "marrons" e "amarelos" na Ásia, e os "negros" na África. E que a América teria sido o lar dos indígenas, mas esta havia sido roubada pelos europeus. Por isso, para ele, só os mestiços teriam lugar nesse continente, como auxiliares dos brancos.[48]

Daí criou seu famoso projeto de volta à África. Desse modo, ele não queria dizer que todos os negros americanos deveriam realizar esse regresso, mas que alguns deles — em especial aqueles que possuíssem conhecimentos técnicos modernos — deveriam fazê-lo, em prol do desenvolvimento do continente e de si mesmos. De forma pioneira, em 1924, defendeu a ideia de uma África unida e federada, que se tornou um lema para a maioria dos pan-africanistas posteriores. Para concretizar esse ideal de retorno coletivo à África formou a Associação Universal para o Melhoramento do Negro (1914), que teve dezenas de sedes em todo o mundo. Seu jornal, *O Mundo Negro*, foi o periódico mais conhecido do ativismo negro e anticolonialista do início do século XX.[49]

Garvey não deixou livros, apenas escritos e artigos, que serviram de inspiração a uma série de ativistas negros nos Estados Unidos, na África e em outros lugares. Foi conhecido e citado no Brasil, por exemplo.[50] Após a Segunda Guerra Mundial, o garveyismo continuou tendo forte presença nos congressos pan-africanos, com a participação de parentes de Garvey, como sua primeira esposa, Amy Ashwood; seu filho, Marcus Garvey Jr.; e sua segunda esposa, Amy Jacques Garvey.[51]

Mais jovem do que Garvey, vale citar igualmente a figura paradigmática do estadunidense W. E. B. Du Bois. Intelectual negro de exceção em sua época, Du Bois estudou nas universidades de

---

48 Noel L. Erskine, *Decolonizing Theology: A Caribbean Perspective*. Nova York: Orbis Books, 1981, pp. 107-8. **49** Hakim Adi e Marika Sherwood, op. cit., p. 76. **50** Flavio T. R. Francisco, *O novo negro na diáspora: modernidade afro-americana e as representações sobre o Brasil e a França no jornal* Chicago Defender *(1916-1940)*. São Paulo: Intermeios/FAPESP, 2016. **51** Carlos Moore, "Abdias Nascimento e o surgimento de um pan-africanismo contemporâneo global". In: Elisa Nascimento (Org.), *A matriz africana no mundo*. São Paulo: Selo Negro, 2008, p. 240 (Coleção Sankofa, nº 1).

Fisk e Harvard. Foi um dos fundadores do campo sociológico nos Estados Unidos. No cerne de seu pensamento sobre o negro há dilemas que se perpetuaram na literatura posterior sobre o tema.

No início da carreira, Du Bois escreveu sobretudo para o negro americano, como em *Almas do povo negro* (1903). Disse que esse vivia dividido por uma dupla consciência: comunal (negra) e nacional. Com o passar dos anos, o autor passou a entender tal fato como um reflexo local do verdadeiro dilema universal do negro, emparedado entre a busca de sua especificidade e a integração ao Ocidente. Ele interpretava esse dilema tendo por premissa a dicotomia clássica da filosofia romântica alemã: cultura x civilização. O negro possuía uma essência (de natureza cultural) que se contrapunha à lógica materialista e temporal da civilização ocidental. Por isso, postulava que, longe de ser algo temerário, esse seria um dado substantivo do qual os negros de todo o mundo deveriam se orgulhar, pois aí residiria a fonte da originalidade e da criatividade perdidas pelo Ocidente. Seu apelo era para que a alma negra fosse incorporada como um valor positivo à civilização ocidental. Só assim, poderia se impor de fato, como patrimônio democrático da humanidade.[52] Em uma famosa frase, disse que o futuro da América e do mundo dependia disso, pois, para ele, o "problema do século XX seria o problema da linha de cor". Nesse sentido, buscou se aproximar dos nacionalistas asiáticos, em especial os indianos, que estavam construindo redes de ativismo internacional à época.[53]

---

52 Martin Ijere, "W. E. Du Bois and Marcus Garvey as Pan-Africanists: a study in contrast". *Présence Africaine*, n. 89, pp. 188-206, 1974, pp. 188ss.

53 Bill Mullen, "Du Bois, Dark Princess, and the Afro-Asian International". *Positions*: *East Asia Cultures Critique*, n. I, v. II, primavera, pp. 217-23, 2003. Em português, para uma visão geral dessas e outras questões relativas ao pan-africanismo mais político, ver Pablo de Oliveira de Mattos, *The Silent Hero*: *George Padmore, diáspora e pan-africanismo*. Rio de Janeiro: PUC-RJ, 2018. Tese (Doutorado em História Social da Cultura).

Du Bois não só escreveu, mas também trabalhou politicamente em prol do negro. Em 1908, foi um dos fundadores da Associação Nacional para o Progresso das Pessoas de Cor (National Association for the Advancement of Colored People, NAACP), que existe até hoje. Tornou-se uma figura central no movimento negro estadunidense, opondo-se à influência de Marcus Garvey. Du Bois também incentivou o estudo da África pelos próprios africanos e negros, tal qual era produzido por associações que estavam sendo criadas nos Estados Unidos nas décadas de 1910 e 1920, como a American Negro Academy, a Association for Study of Negro Life and History e a Negro Society for Historical Research. Em Nova York, a atividade política estava ligada à ebulição cultural e política dos anos 1920, com a consolidação estrondosa do movimento Harlem Renaissance.

Buscando se aproximar da questão negra em outros países, Du Bois foi organizador de importantes encontros, como os congressos pan-africanos na primeira metade do século XX (Londres, Paris e Bruxelas, 1919; Londres e Lisboa, 1921; Nova York, 1927; Manchester, 1945).[54] Ali, Du Bois buscou construir alianças concretas que possibilitassem a união africana com a diáspora negra como o "cooperativismo negro" e da "solidariedade negra".[55] Ativistas africanos de diversas origens tiveram a oportunidade de se conhecer e trocar informações a respeito de suas lutas. No pós-guerra aproximou-se do mundo comunista e do marxismo, tendo visitado por diversas vezes a URSS e a China.

George Padmore (nascido Malcom Ivan Meredith Nurse) talvez seja menos conhecido que Garvey e Du Bois, mas foi tão

---

54 Em português, para uma visão geral dos congressos, ver: Guillermo A. N. Alvarado, *África deve-se unir? A formação da teorética da unidade e a imaginação da África nos marcos epistêmicos pan-negristas e pan-africanos (séculos XVIII-XX)*. ABC Paulista: UFBA, 2018. Tese (Doutorado em Estudos Étnicos e Africanos); e Leila M. G. L Hernandez, *A África na sala de aula*. São Paulo: Sumus, 2008.
55 Martin Ijere, op. cit., p. 190ss.

importante quanto eles na formação do pensamento africano e do pan-africanismo. Nascido em Trinidad e Tobago, Malcom Nurse foi para os Estados Unidos na década de 1920 para estudar Medicina na Universidade de Howard, conhecida universidade mantida pela comunidade negra estadunidense. Nessa época, já era um nacionalista negro convicto — basta dizer que sua filha foi chamada de Blyden. Nos Estados Unidos, ingressou no Partido Comunista, e rapidamente tornou-se membro da Internacional Comunista e do Comitê Sindical Internacional dos Trabalhadores Negros, mantido pela URSS. Devido a essa militância, tornou-se um dos principais organizadores do movimento anticolonialista na África, fazendo a conexão de organizações e ativistas do continente com a Europa e os Estados Unidos. Participou da formação da Liga Contra o Imperialismo, em 1929. Após romper com a Internacional, em 1934, em decorrência da estratégia da Frente Única Antifascista,[56] Padmore trouxe sua vasta experiência e contatos para a luta pan-africanista, levando-a a outro patamar de organização.[57]

Mais jovem do que Garvey, Padmore fazia parte de uma nova geração de pan-africanistas do entreguerras, que nutria simpatia pela Revolução Russa e pelo movimento comunista internacional.[58] Era uma geração mais radicalizada e que havia sido afrontada — dentro e fora da África — pela invasão da

---

56 A política de Frente Única foi instaurada pela IC após a chegada de Hitler ao poder na Alemanha, em 1933. Evidentemente, os pan-africanistas estavam na luta contra o nazifascismo. No entanto, eles achavam que a forma como se conduziu a aliança tática com os liberais e social-democratas (em especial, na França e Inglaterra) à época iria necessariamente secundarizar a luta pela descolonização africana. Afinal, tais tendências (e governos) eram colonialistas naquele momento. **57** Hakim Adi e Marika Sherwood, op. cit., p. 152. **58** Ver Hakim Adi, *Pan-Africanism and Communism: The Communist International, Africa and the Diaspora, 1919-1939*. Londres: Africa World Press, 2013. E, do mesmo autor, *Pan-africanism: A History*. Londres: Bloomsbury Academic, 2018.

Etiópia pela Itália, em 1935. Por conta disso, combatiam com muito mais firmeza a discriminação racial e o fim do colonialismo na África.

Esse trabalho político exibia igualmente uma face teórica. E com uma dupla abordagem. Por um lado, buscava-se estabelecer a magnitude da "questão" negra e do racismo em trabalhos historiográficos pioneiros, que relacionaram o fenômeno escravista e da raça com a formação do mundo moderno, como em Eric Williams (*O negro e o Caribe*, 1942; *Capitalismo e escravidão*, 1944) e C. L. R. James (*Jacobinos negros*, 1938). Por outro, havia a intenção de mostrar a relevância da raça à época como um fenômeno derivado da consolidação do capitalismo imperialista, tanto em sua expansão colonialista para fora da Europa quanto em sua expressão fascista dentro da Europa. Padmore foi um dos que mais escreveram sobre tal fato global, buscando compreender a imbricação entre raça e classe no entreguerras a partir de uma perspectiva internacional.[59] Ambos os tipos de trabalho visavam mostrar a centralidade e contemporaneidade da classificação racial para as dinâmicas do capitalismo. Afinal, só assim seria possível incluir a discussão sobre a descolonização da África e das questões étnico-raciais do negro no debate marxista de então.[60]

Da luta dessa nova geração surgiram associações pan-africanistas na Europa, como West African Student Union (Londres), Ligue de Défense de la Race Nègre (Paris), International African Service Bureau (Londres) e a Pan-African Federation (Londres). As duas últimas foram essenciais nesse contexto. Seu núcleo era formado pelos então jovens C. L. R. James e Padmore. Amigos de infância da Ilha de Trinidad, ambos haviam aderido

---

59 C. L. R. James, 1973; Pablo de O. de Mattos, 2018; Anthony Bogues, 2002.
60 Kent Worcester, *C. L. R. James: A Political Biography*. Nova York: State University of New York Press, 1996.

ao marxismo. Eles se reencontraram em Londres, onde passaram a trabalhar pela causa anti-imperialista e pan-africanista. Lá, juntaram-se a outros ativistas para formar esses agrupamentos políticos, dos quais participaram, entre outros: T. R. Makonnen (empresário e organizador político, advindo da Guiné Britânica), Amy Ashwood Garvey (ativista, primeira ex-esposa de M. Garvey), Jomo Kenyatta (futuro primeiro-ministro do Quênia), Wallace-Johnson (conhecido ativista sindical de Serra Leoa), T. Garan Kouyaté (senegalense, antigo membro da Internacional Comunista) e Kwame Nkrumah (futuro presidente de Gana).

Em depoimentos posteriores, tanto C. L. R. James quanto Makonnen testemunharam que Padmore era o líder político do grupo londrino, trabalhando para criar estratégias e táticas que pudessem aglutinar as diversas tendências pan-africanistas em torno do mesmo objetivo: libertar a África do colonialismo.

Um dos frutos dessa nova política pan-africanista foi a realização do V Congresso Pan-Africano de Manchester, Inglaterra, em 1945.[61] O evento significou uma ruptura em relação aos anteriores. Em primeiro lugar porque, até então, a maioria dos delegados presentes em tais congressos era formada por brancos liberais e negros americanos e europeus. Em Manchester, ao contrário, os africanos não foram apenas majoritários, mas também as figuras de relevo da programação, como Nnamdi Azikiwe, Jomo Kenyatta e Kwame Nkrumah. Não por acaso, personagens que se tornariam líderes dos movimentos de descolonização em seus países.[62] Secundariamente, porque ali se consagrou, para além das divergências entre as tendências pan-africanistas de

---

61 Para ver mais: C. L. R. James, *Reflections on Pan-Africanism* (1973). Disponível em: <https://www.marxists.org/archive/james-clr/works/1973/panafricanism.htm>. Acesso em: 27 jun. 2020; e Ras Makonnen, *Pan-Africanism from within*. Londres: Oxford University Press, 1973.   62 E. Kodjo e D. Chanaiwa, "Pan-africanismo e libertação". In: Ali A. Mazrui e Christophe Wondji (Orgs.). *A África desde 1935*. 2. ed. rev. Brasília: Unesco, 2010, p. 897.

então (sindicalista, garveysta, liberal, comunista), um objetivo comum ao ativismo pan-africanista: a descolonização na África. Foi uma escolha que se mostrou acertada historicamente. Não é justo, entretanto, subestimar a presença das tendências anti-imperialistas mais culturais nessa empreitada à mesma época. Isso porque, ao mesmo tempo que se consolidava esse pan-africanismo político, ou melhor, programático e anglófono, fortalecia-se igualmente um pan-africanismo mais cultural, de tradição francófona, que também foi relevante para o objetivo final dos ativistas.[63] Embora, naquele momento, eles se vissem muitas vezes como estando em lados opostos.[64]

O nascimento do pan-africanismo mais cultural deve muito ao que acontecia no mundo intelectual e cultural da Europa Ocidental e Estados Unidos na época. O livro do filósofo Valentin Mudimbe, *A invenção da África* (1994), mostra como, desde fins do século XIX, cresceu um movimento de aproximação de certos artistas e pensadores europeus (e eurodescendentes) em relação ao universo cultural africano e negro. Tal visão estava baseada numa construção mítica desses assuntos, firmada em pressupostos essencialistas criados pela "biblioteca colonial". Segundo Mudimbe, mesmo entre artistas e intelectuais europeus bem-intencionados da época, como L. Frobenius, M. Herskovits, M. Delafosse e Pablo Picasso,

---

63 Há exceções relevantes nessa esquematização. Em *Facing Mount Kenya* (1939), por exemplo, Jomo Kenyatta, pan-africanista anglófono e futuro presidente do Quênia, escreveu um dos mais belos ensaios de época sobre a cultura africana desde um olhar antropológico local, analisando a racionalidade intrínseca do povo kikuyu, do qual era originário.   **64** Desde essa época, a divisão linguística da África já havia se tornado um problema de comunicação entre os ativistas da descolonização e do nacionalismo africano: "África lusófona", "África francófona", "África anglófona"; cada qual foi construindo seus próprios caminhos no entreguerras. Só mais tarde, em fins da década de 1950, essas diversas correntes conseguiram iniciar uma relação mais próxima.

persistia a abordagem "exótica" da África e do negro. Aliás, o que os atraía era justamente o gosto pelo novo, fora da norma europeia estabelecida. Por isso, teriam colaborado para formar uma imagem da África como um continente dominado pela tradição, cuja única característica definidora seria a irredutível diferença cultural.

Gradativamente, formou-se assim um novo modo de ver a temática africana e negra e, em parte, desses artistas e intelectuais verem a si próprios no período entreguerras. Os pontos cardeais da renovação cultural foram Paris e Nova York, onde se forma o movimento Harlem Renaissance nos anos 1920 e 1930. É interessante notar como essa visão mais estética e culturalista do negro, alicerçada na literatura, nas artes cênicas, na música, nas artes visuais, torna-se gradualmente consagrada no período. Trata-se de um momento de intensa incorporação simbólica do negro à cultura artística ocidental. É isso que o sociólogo Antonio Sérgio Guimarães intitulou de "modernidade negra":[65] o *new negro* é o negro enquanto parte de uma visão de mundo moderna, marcada pelo gosto de tudo aquilo que é tido por novo, original e anticanônico. A escravidão era vista como algo do passado, a ser ultrapassada do ponto de vista simbólico por uma imagem renovada esteticamente do negro e da África. Muitas vezes isso era impulsionado pelos próprios artistas e intelectuais negros. E entre os grandes escritores negros da época vale lembrar nomes como Alain Locke, René Maran, Jean Toomer, Claude McKay, Jean Price-Mars, René Ménil, Langston Hughes. Entre os artistas e músicos é o momento de celebração do jazz, do samba, da salsa, dos ritmos de herança africana. É o período da consagração da bailarina afro-americana Josephine Baker na França.

---

65 Antônio S. Guimarães, "A modernidade negra". *Teoria e pesquisa. Revista de Ciência Política*, São Carlos, n. 42-43, jan.-jul., 2003.

Na Europa Ocidental, particularmente em Paris, essa "modernidade" será fruto de um ambiente intelectual menos abertamente racista em relação ao negro, reflexo de sociedades traumatizadas pelo caos da Primeira Guerra Mundial, pela crise econômica dos anos 1930 e pela ascensão do nazifascismo. O ideal de tolerância foi defendido por diversos intelectuais negros estabelecidos na Europa (sobretudo africanos e antilhanos), além de encontrar apoio em importantes intelectuais já consagrados, como Emmanuel Mounier, André Gide, Jean-Paul Sartre. Mas tal aproximação não significou a abolição do racismo. Foi, de fato, a propagação de um racismo paternalista, bem-intencionado, animado pelo gosto do exótico, culturalista, em que o negro e a África passam a representar o lado obscuro e instintivo da natureza humana.[66]

A irradiação dessas ideias foi um dos elementos fundamentais para o início do movimento da negritude francófona, que se consagrou no pós-Segunda Guerra. Os traços essenciais desse movimento foram criados no entreguerras por escritores e artistas que moravam na Paris da década de 1930. Lá, fundaram revistas que pretendiam exprimir uma visão positiva da identidade negra, como em *La Dépêche Africaine* (1930), *Revue du Monde Noire* (1931), *Légitime Défense* (1932), *L'Étudiant Noir* (1935) e *Tropiques* (1942).[67]

Nesse momento inicial da Negritude,[68] as mulheres tiveram papel essencial como organizadoras e teóricas do movimento. Em especial, as irmãs antilhanas Paulette Nardal (1900-1993) e

---

66 Valentin Y. Mudimbe, *The Idea of Africa*. Bloomington: Indiana University, 1994. **67** Raissa B. dos Reis, *Négritude em dois tempos*: *Emergência e instituição de um movimento (1931-1956)*. Belo Horizonte: UFMG, 2014. Dissertação (Mestrado em História). **68** Com "N" (maiúsculo) quando nos referimos ao movimento da negritude francófona, e com "n" (minúsculo), quando nos referirmos ao termo em si.

Jeanne Nardal (1896-1985), que buscaram desenvolver um "internacionalismo negro" na França a partir de uma rede de ativismos negros da África e da diáspora.[69] Para tanto, os negros deveriam se sentir unidos simbólica e politicamente, para além de suas inegáveis diferenças. Nas palavras de Jane Nardal: "Os Negros de todas as origens, de diferentes nacionalidades, costumes e religiões, sentem vagamente que, apesar de tudo, pertencem a uma mesma raça".[70]

Para ir além de tais diferenças, diziam elas, seria preciso inicialmente superar as divisões linguísticas entre as comunidades negras dos dois lados do Atlântico, e de dentro da África. Em particular, as linhas francófona e anglófona. E foi esse papel central que elas começaram a desempenhar, em especial Paulette, que era fluente nas duas línguas e possuía comunicação direta com muitos artistas e ativistas do Harlem Renaissance. Nesse sentido, fundaram o jornal bilíngue *Revue du Monde Noire* (1931), que teria sido o primeiro a trazer uma visão do negro a partir de si próprio na França.[71]

Assim, gradualmente, foi-se criando um imaginário comum nas revistas francófonas da época, em que já pesavam alguns elementos marcantes que seriam temas fulcrais da negritude francófona posteriormente: a) uma visão diaspórica do negro; b) a necessidade do negro se colocar como ser autêntico e sujeito de sua ação social; c) a reivindicação da sua liberdade criadora; d) a volta às raízes africanas.[72] São as questões fundamentais que definiam a literatura negra francófona como

---

69 Tracy D. Sharpley-Whiting, *Negritude Women*. Mineápolis: University of Minnesota Press, 2002.　**70** Jeanne Nardal apud Guillermo A. N. Alvarado, op. cit.　**71** Brent H. Edwards, *The Practice of Diaspora*: *Literature, Translation, and the Rise of Black Internationalism*. Cambridge: Harvard University Press, 2003, p. 124.　**72** Kabengele Munanga, *Negritude: Usos e sentidos*. São Paulo: Ática, 1988.

literatura engajada nas décadas de 1940 e 1950.[73] Algo que René Ménil sintetizou ao dizer que os autores negros enfim cessavam "de viver num mundo irreal que é determinado por ideias abstratas e pelo ideal de outro povo".[74]

O termo negritude foi cunhado por Aimé Césaire em 1939 no livro *Caderno de um retorno ao país natal*. Segundo o autor, um dos líderes do movimento, tratava-se de uma "tomada de consciência" da especificidade do ser negro. Todavia, para ele, a consciência dessa especificidade não era um enclausuramento, mas uma abertura para o universal e para a valorização da humanidade. Tratava-se da assunção de uma particularidade que carregava uma dimensão revolucionária, ao afirmar a presença de uma parte antes ignorada da humanidade. O próprio termo negritude, aliás, reflete bem esse conteúdo, ao menos conforme utilizado pela primeira vez pelo próprio Césaire:

> [...] minha negritude não é nem torre nem catedral
> ela mergulha na carne rubra do solo
> ela mergulha na ardente carne do céu
> rompe a prostração opaca de sua justa paciência [...].[75]

Como observa Claude Wauthier,[76] para os autores da Negritude, a língua francesa e a expressão de uma "alma africana" (seja da Martinica de Césaire ou na África) formariam uma junção cultural rica, com apropriação da sintaxe europeia e o ressurgimento de valores e representações socioculturais que expressariam a unidade negra. Kabengele Munanga,[77] nesse sentido, defende

---

73 Claude Wauthier, *L'Afrique des africains: Inventaire de la Negritude*. 2 ed. Paris: Seuil, 1973, p. 154.   **74** René Ménil apud Lilyan Kesteloot, *Intelectual Origins of the African Revolution*. Nova York: New Perspectives, 1968.   **75** Aimé Césaire apud Léopold Senghor (Org.), *Anthologie de la nouvelle poésie négre et malgache de langue française*. Paris: Presses Universitaires de France, 1948, pp. 58-9.
76 Claude Wauthier, op. cit., p. 38.   **77** Kabengele Munanga, op. cit., p. 6.

a tese de que a Negritude foi formada quando o negro intelectual descobre que uma possível solução para essa situação residiria na retomada de si, na negação do embranquecimento e na aceitação positiva de sua herança sociocultural.

Negritude, personalidade africana, descolonização

Embora tenha origem no entreguerras, o movimento da negritude francófona se consagrou na década de 1950 como um fenômeno de amplitude global. Tratava-se de mostrar a contribuição cultural do negro à civilização universal. Um tema que foi exposto e aprofundado nas mais variadas formas artísticas e literárias: poesia, ensaio, teatro, artes plásticas etc. Para isso, reconstruíram ideias como as de "personalidade africana", "alma negra" e "subjetividade negra", que foram desenvolvidas diferentemente pelos seguidores do movimento. Os principais organizadores da Negritude na década de 1950 foram o martiniquense Césaire, o guineense Léon Damas, o malgaxe Jacques Rabemananjara e o senegalês Léopold Sédar Senghor; contando ainda com a participação de Léonard Sainville, Aristide Maugée, Birago Diop, Ousmane Socé e dos irmãos Achille.

Nesse momento, foram se formando os dois sentidos básicos e complementares do termo negritude, conforme abordados por Munanga.[78] O primeiro era a noção que dominava antes da Segunda Guerra Mundial. A negritude seria o simples reconhecimento do fato de ser negro. Uma aceitação tácita de seu destino, história e cultura enquanto princípios formadores de uma identidade negra positiva e orgulhosa. Na década de 1950, Césaire sintetizou tal ideia no seu conceito de personalidade cultural africana, cujos aspectos primordiais seriam a identidade, a fidelidade e a solidariedade para com os povos negros de todo

78 Ibid., pp. 44-7.

o mundo. O segundo sentido da negritude resultou de um processo que aos poucos alterou esse significado inicial até ganhar uma dimensão política próxima àquela do pan-africanismo político: como luta pela emancipação dos povos negros contra o colonialismo e assimilação ocidental. Afinal, só com tal emancipação seria possível de fato falar em assunção da negritude.

Neste contexto, vale citar a importância da revista *Présence Africaine* para a consolidação do pensamento africano no pós-guerra. A *Présence* foi a revista mais prestigiosa do "mundo negro" (referência de época à junção simbólica da África com suas diásporas) no século XX. Ela tinha em seu grupo coordenador a liderança de Alioune Diop e sua esposa, Christiane Diop, ambos do Senegal, com a colaboração de alguns dos principais nomes do movimento da negritude francófona, como Césaire e Léon-Damas. Participaram do grupo inicial da *Présence* nomes como Paul Niger (Guadalupe), Bernard Dadié (Costa do Marfim) e Sourou-Migan Apithy (Daomé).[79] Os jovens escritores conquistaram o apoio de intelectuais de prestígio à época, como André Gide, Albert Camus, Théodore Monod e Jean Paul-Sartre. Em 1949, o grupo da *Présence* formou uma livraria e uma editora, que tem sido desde então parte da atmosfera cultural parisiense.

Nas palavras de J. Rabemananjara, um dos diretores da revista, a *Présence* visava refundar o orgulho pela cultura africana a partir de uma iniciativa intelectual que buscava a renovação, a ilustração e a criação de novos valores ao "mundo negro". Algo que, para Alioune Diop (editor da revista entre 1947 e 1980), implicava a luta contra o colonialismo e a assimilação ocidental.[80] Não por acaso, Senghor afirmou que a *Présence* foi

---

79 Marga Graf, 2001; Petrônio J. Domingues, 2005; Raissa B. dos Reis, 2018; Muryatan S. Barbosa, 2019.   **80** Bennetta Jules-Rosette, "Conjugating Cultural Realities: *Présence Africaine*". In: Valentin Y. Mudimbe (Org.), *The Surreptitious Speech:* Présence Africaine *and the Politics of Otherness: 1947-1987.* Chicago/Londres: University of Chicago Press, 1992, pp. 18-9.

um "instrumento" da Negritude à época, ou seja, fins da década de 1940 e durante a década de 1950.[81]

Vale lembrar que esse é um período de ebulição política da luta anticolonialista e anti-imperialista. É verdade que ainda não havia países independentes na África sul-saariana, o primeiro será Gana (ex-Costa do Ouro) em 1957. Todavia, os movimentos pela Descolonização Africana já eram uma força política poderosa e quase incontrolável em muitos países, como Senegal, Congo, Nigéria, Guiné e justamente em Gana, é claro. Não por acaso, estávamos próximos do "ano glorioso" de 1960, quando dezesseis países africanos adquiriram sua independência na África Ocidental. É importante lembrar da mesma forma que nessa época tinha acabado de ocorrer a Conferência de Bandung (1955), que é o marco fundador do Terceiro Mundo enquanto bloco político.

Todos esses acontecimentos históricos e políticos estavam em pleno desenvolvimento enquanto se buscava formular uma teoria da descolonização africana e da suposta unidade negro-africana. Não resta dúvida de que havia, portanto, um teor político nas discussões em torno da negritude francófona. Havia relevância no debate. E em grande parte em virtude disso, as ideias da Negritude rapidamente se universalizaram, ecoando nas Américas e na África.

Em cada região que impactou, a Negritude se produziu de forma original, mesclando-se com ideias locais ou outras. A título de exemplo, o autor português Pires Laranjeira vem mostrando a dimensão e a originalidade da poesia da negritude na África Lusófona entre 1949 e 1959.[82] Segundo ele, uma poesia que buscava aliar a negritude francófona ao sociorrealismo africano e o racismo antirracista de Sartre. No Brasil, do mesmo

---

81 Léopold Senghor, "Preface Letter". In: V. Y. Mudimbe, ibid., p. XI.
82 José L. P. Laranjeira, "As literaturas africanas de língua portuguesa: identidade e autonomia". *SCRIPTA*. Belo Horizonte, v. 3, n. 6, pp. 237-44, 2000.

modo, a Negritude se fez sentir de forma própria, a partir da elaboração dos intelectuais do Teatro Experimental do Negro, como Ironides Rodrigues, Alberto Guerreiro Ramos e Abdias do Nascimento.[83] Em suma, não resta dúvida de que a Negritude foi um dos movimentos mais importantes para a internacionalização do pensamento africano, potencializando sua capacidade criadora e influenciadora de novas ideias.

Contudo, assim como não havia cópias acríticas da Negritude na época, não havia consensos definitivos, nem entre os integrantes originais do movimento. Vale lembrar que o próprio livro que lançou a Negritude — *Anthologie de la nouvelle poésie nègre et malgache*, de 1948 —, organizado por Senghor, não possuía nenhuma explicação conceitual do termo ou da "alma negra" (termo mais comum à época), que constava direta ou indiretamente em vários dos poemas ali reunidos. O único texto que busca dar uma explicação do termo e do movimento é o "Orfeu negro", de Sartre, escrito como introdução à obra.

O "Orfeu negro" foi uma tentativa do filósofo e escritor francês, já bastante famoso à época, de situar a coletânea dos jovens poetas negros (africanos e caribenhos) dentro de um contexto maior, buscando entendê-la como uma reflexão existencial do negro diante da dominação ocidental, tanto do ponto de vista objetivo (colonialismo, subalternização) quanto subjetivo (racismo, europeização, alienação cultural). Para o filósofo, a negritude (ou seja, a alma negra) seria uma espécie de "racismo antirracista", que ele vê como um passo necessário para a superação positiva da dualidade racial (branco-negro) e a formação de uma luta comum. Em termos dialéticos, tese (branquidade/racismo ocidental), antítese (negritude), síntese (luta humanista). Em suas palavras: "O negro cria para si um

---

83 Muryatan S. Barbosa, 2004, 2013; 2019; Márcio Macedo, 2005; Abdias Nascimento, 2004; Abdias Nascimento e Elisa Nascimento, 2000.

racismo antirracista. Ele não deseja de modo algum dominar o mundo: ele quer a abolição dos privilégios étnicos, quaisquer que sejam eles; ele afirma sua solidariedade com os oprimidos de qualquer cor".[84]

A definição de Sartre, porém, não era consensual entre os integrantes da Negritude, pelo contrário. Mas era certamente desagradável criticar um dos principais patronos do movimento. Frantz Fanon foi um dos poucos a falar publicamente à época sobre o assunto:

> Jean-Paul Sartre, neste estudo, destruiu o entusiasmo negro. Contra o devir histórico, deveríamos opor a imprevisibilidade. Eu tinha necessidade de me perder absolutamente na negritude. [...] A dialética que introduz a necessidade de um ponto de apoio para a minha liberdade expulsa-me de mim mesmo. Ela rompe minha posição irrefletida. Sempre em termos de consciência, a consciência negra é imanente a si própria. Não sou uma potencialidade de algo, sou plenamente o que sou. Não tenho de recorrer ao universal. No meu peito nenhuma probabilidade tem lugar. Minha consciência negra não se assume como a falta de algo. Ela *é*. Ela é aderente a si própria.[85]

Ao mesmo tempo, havia entre os próprios "pais" naturais da Negritude discordâncias evidentes. São visíveis, por exemplo, as diferenças de época entre Césaire e Senghor sobre o assunto.

Em 1938, o poeta martiniquense já havia dito: "Minha negritude não é torre, nem catedral". Em 1957, em sua carta de desligamento do Partido Comunista Francês (PCF), foi

---

84 Jean-Paul Sartre, *Reflexões sobre o racismo*. São Paulo: Difel, 1965.
85 Frantz Fanon, *Pele negra, máscaras brancas*. Salvador: EDUFBA, 2008, p. 122. Itálico original.

paradigmático: "Há duas formas de se perder: a segregação murada no particular ou a diluição no 'universal'".[86] Entenda-se: pela negritude essencialista ou pelo "universal" comunista de então, eurocêntrico. Algo que, por exemplo, levava o PCF a ter posições dúbias no apoio aos movimentos de libertação, como na Guerra da Argélia ou na situação colonial da Martinica.

Pois bem, a posição de Senghor nessa data era oposta. Para o poeta senegalês, a civilização "negro-africana" teria um Ser próprio, cujas características fundantes estariam em sua relação particular com o meio circundante original africano. Ali, viveria em estreita relação com a Natureza e seu "Cosmos". Escreveu ele:

> Tem sido dito que o Negro é um homem da Natureza. Por tradição, ele vive da terra e com a terra, dentro e pelo Cosmos. Ele é sensual, um ser com sentidos abertos, sem intermediário entre sujeito e objeto, ele mesmo ao mesmo tempo sujeito e objeto. Ele é, em primeiro lugar, sons, aromas, ritmos, formas e cores; eu diria que ele é um toque, antes de ser o olho, tal qual o branco europeu. Ele sente mais do que vê; ele se sente. É em si mesmo, em sua própria carne, que ele recebe e sente as radiações que emanam de todos os objetos existentes. Estimulado, ele responde ao chamado, e abandona-se, passando do sujeito para o objeto, do Eu para Ti sobre as vibrações do Outro: ele não é assimilado: ele assimila a si mesmo com o outro, que é o caminho certo para o conhecimento.[87]

---

86 Aimé Césaire, "Letter to Maurice Thorez". *Social Text*, 103, v. 28, n. 2, Verão 2010, p. 152.　　87 Léopold S. Senghor, "The Spirit of Civilization or the Laws of African Negro Culture". *Présence Africaine*, n. 8-9-10, jun.-nov., 1956, p. 52.

Ou seja, existiria uma essência e uma autenticidade do Ser africano. Em outras palavras, uma ontologia cuja experiência abriria as portas para a verdadeira universalidade. Para os negros da diáspora, dizia ele, quanto mais consciente fosse esse processo de retomada, maior seria o seu valor cultural e existencial.

Como companheiro de lutas e produção literária, Césaire buscava não criticar Senghor publicamente. Mas não estava de acordo quanto a certo caráter essencialista de suas colocações. De tanto ser questionado sobre o assunto, acabou por explicitar sua posição abertamente:

> [...] há um ponto sobre o qual não concordo mais com Senghor: pareceu-me que Senghor fez uma espécie de metafísica por negritude; lá nos separamos. Ele tendia, antes, a construir a negritude em um essencialismo como se fosse uma essência negra, uma alma negra... mas eu nunca aceitei esse ponto de vista.[88]

Senghor não parecia muito preocupado com tais críticas. Pelo contrário: continuou refinando sua própria teoria da negritude, postulando que deveria ser entendida não como uma oposição à civilização ocidental, mas como uma complementação desta. Algo que incluiria mesmo a miscigenação biológica. Aliás, como dizia na década de 1960, o próprio negro é uma miscigenação. Falando em relação aos países ex-colônias francófonos, destacou a dimensão que a tradição cultural francesa deveria continuar tendo na formação cultural das nações africanas. Para ele, a negritude seria apenas um aspecto da "civilização do universal", miscigenada, que ele dizia trabalhar para construir.[89]

---

88 Aimé Césaire apud Michael Janis, *Africa After Modernism: Transitions in Literature, Media and Philosophy*. Londres/Nova York: Routledge, 2007.
89 Léopold Senghor, *El dialogo de las culturas*. Bilbao: Mensajeiro, 1995.

As falas e posicionamento de Senghor sempre causaram polêmica: em particular na África. Isso ocorria não apenas pelo teor de argumentação, mas igualmente pelas referências e forma de exposição do autor.[90] Mas, além do debate específico da negritude francófona, o tema da personalidade africana volta com força na mesma época, por causa da reflexão de outros intelectuais de renome do pensamento africano de então. Afinal, em ambos os casos, tratava-se de buscar uma teoria da práxis, que justificasse a descolonização e a luta negra.

Um dos nomes que mais contribuíram para a retomada do debate sobre a personalidade africana na época — além dos autores da Negritude — foi outro importante intelectual senegalês, Cheikh Anta Diop. Um polímata: era físico, historiador, linguista, arqueólogo, egiptologista. De forma engenhosa, ele criou a própria teoria da personalidade africana, que julgava mais científica do que a dos teóricos da negritude francesa. A relevância de Diop para o pensamento africano é inegável, e já foi analisada por diversos comentadores.[91] Pelo grupo editorial da *Présence*, por exemplo, ele publicou três obras entre as décadas de 1950 e 1960: *L'unité*

---

90 Uma das colocações do autor que mais reverberou negativamente foi a de que o "negro é emoção, a razão é helênica" (1939), depois reescrita de uma forma um pouco distinta: "a razão europeia é analítica, a razão negra é intuitiva" (Léopold Senghor, op. cit., 1956). É teoria, mas é igualmente provocação. Vale citar outro exemplo. Numa comunicação ao I Congresso dos Artistas e Escritores Negros, em 1956, Senghor cita positivamente Arthur de Gobineau (o famoso racista científico do século XIX) em sua definição do negro: "como o Ser que é mais energicamente afetado de emoção artística" (Ibid., p. 52). Imaginemos que ele aceite tal interpretação. Seja como for, cabe a pergunta: porque citar Gobineau num congresso como aquele, de escritores e artistas negros? É uma ironia atroz.　　**91** Mamadou Diouf e Mohamad Mboji, "The Shadow of Cheikh Anta Diop". In: Valentin Y. Mudimbe, op. cit., 1992.

culturelle de l'Afrique noire: Domaines du patriarcat et du matriarcat dans l'antiquité classique [A unidade cultural da África negra: Domínios do patriarcado e do matriarcado na Antiguidade Clássica], de 1959; *L'Afrique noire pré-coloniale: Étude comparée des systèmes politiques et sociaux de l'Europe et de l'Afrique Noire, de l'Antiquité à la formation des états modernes* [A África negra pré-colonial: Estudo comparado dos sistemas políticos e sociais da Europa e da África Negra, da Antiguidade à formação dos estados modernos], de 1960; *Antériorité des civilisations nègres: Mythe ou vérité historique?* [As origens das civilizações negras: Mito ou verdade histórica?], de 1969.

Nesses livros, ele desenvolveu pormenorizadamente sua tese de que existiria uma personalidade africana original, que marcaria o caráter próprio da civilização africana e diaspórica posteriores, cuja origem estaria na cultura egípcia faraônica.[92] Mais especificamente, de acordo com Diop, os povos do continente africano teriam, em última instância, a mesma origem

---

92 Trata-se de uma tese já esboçada por intelectuais da diáspora no século XIX. Segundo Guilhermo N. A. Alvarado, op. cit., Hosea Easton foi o primeiro a fundar uma tradição interpretativa da história afro-americana a partir de uma hermenêutica bíblica, colocando uma leitura do Egito como sinônimo da África e como parte fundante da história universal. Nela expressam-se as estruturas gerais do chamado egitocentrismo do século XIX, que propõe o Egito como África Negra e como centro civilizacional do mundo, assim como um desdobramento teológico racial que propõe a genealogia de Ham — filho de Noé — como fundante da "raça africana (Negra)" e que retoma o mito Hamítico: "[...] Ham foi filho de Noé e fundador da raça africana e progenitor de Assur, que provavelmente fundou o primeiro governo após o dilúvio [...]" (apud Easton, 1837). Para uma análise mais pormenorizada sobre o assunto, ver também em português Jorge de Almeida, "Olhar o Egito e ver a África: sobre a apropriação de textos clássicos por abolicionistas e pan-africanistas dos séculos XVII e XIX". In: Mariana B. Fonseca et al. (Orgs.), *Áfricas: representações e relações de poder.* Rio de Janeiro: Edições Áfricas/ Ancestre, 2019).

kemétika,[93] cujas características primordiais seriam a estrutura matriarcal, a expressão dionisíaca da vida, o idealismo religioso, o coletivismo e o otimismo. Diop acreditava que, a partir da renovação dessa personalidade cultural, seria possível construir os fundamentos de uma futura cultura nacional africana.[94]

No prefácio ao livro *The African Origin of Civilization: Myth or Reality* [As origens africanas da civilização: Mito ou realidade],[95] Diop expôs sua posição comparando-a com a dos teóricos da Negritude.

> Admite-se que três fatores competem para formar a personalidade coletiva de um povo: o fator físico, suscetível de uma abordagem literária; esse é o fator que pode ser chamado de compleição nacional, que os poetas da Negritude têm superestimado. Além dele, há o fator histórico e o linguístico, ambos suscetíveis de serem interpretados cientificamente. Os dois fatores têm sido o objeto de nossos estudos; temos nos esforçado para ficar apenas no campo científico.[96]

---

93 *Kemético* é um termo utilizado por Diop (e pela maioria dos teóricos afro-centrados contemporâneos) para se referir à suposta pertença e consciência "negra" dos egípcios antigos (P. F. de Moraes Farias, "Afrocentrismo: Entre uma contranarrativa histórica universalista e o relativismo cultural". Afro-Ásia, n. 29-30, 2003, p. 330). **94** De fato, ao destacar as contrições pioneiras egípcias, Diop não estava "apenas" apontando para uma unidade fundamental negro-africana. Estava argumentando que a própria civilização seria de origem africana, visto que os egípcios, como seus principais e primeiros criadores, teriam difundido seus conhecimentos nas sociedades do Antigo Mediterrânico Oriental. Seu argumento atacava um dos mais consolidados mitos do racismo romântico do século XIX, de que a origem do "Ocidente" seria a Grécia Antiga, supostamente o berço da civilização (Martin Bernal, *Black Athena: The Afroasiatic Roots of Classical Civilization*. New Brunswick: Rutgers, 1987). **95** Cheikh A. Diop, *The African Origin of Civilization: Myth or Reality*. Westport: Lawrence Hill; Company, 1973. **96** Ibid., p. XIII. Tradução livre.

Outro historiador relevante nessa discussão a partir dos anos 1950 foi o burquinabê Joseph Ki-Zerbo. No ensaio "The Negro--African Personality", ele enfoca diretamente o tema da personalidade africana em três partes. Na primeira, define as características clássicas dessa personalidade, de acordo com a realidade histórica e geográfica do continente. Segundo ele, o relativo isolamento e atraso tecnológico, além de uma tradição não codificada (oral) das populações africanas, teriam formado uma vida social voltada para o coletivismo, a gerontocracia e a solidariedade. Historicamente, as marcas essenciais da personalidade africana seriam tanto de tendências positivas (anti-individualismo, fraternidade) quanto negativas (tendencialmente autoritárias). Ocorre que tal personalidade estaria se perdendo diante da nova realidade africana, excessivamente marcada pelos influxos externos. Em particular, os valores do individualismo e da acumulação de dinheiro. Haveria aí, pois, uma contradição em potencial, especialmente para os jovens africanos. Visando superar a situação, Ki-Zerbo aponta para a necessidade de formação de uma nova personalidade africana, que pudesse criar uma síntese original dessas duas tendências em prol do desenvolvimento endógeno do continente. Algo que, para ele, teria que se articular dentro de uma visão pan-africana, ou seja, voltada para a unidade e integração do continente.[97]

Para Diop, portanto, a marca da personalidade africana seria a estrutura matriarcal, a expressão dionisíaca da vida, o idealismo religioso, o coletivismo e o otimismo. Já para Ki-Zerbo, o coletivismo, a gerontocracia e a solidariedade. Ou seja, do ponto de vista conceitual, a crença no coletivismo africano aproximava essas duas visões historiográficas da personalidade africana.

---

97 Joseph Ki-Zerbo, "The Negro-African Personality". *Présence Africaine*, n. 41, v. 13, segundo trimestre, 1962.

Em síntese, a partir da década de 1950, encontramos uma miríade de teorias acerca da negritude e da personalidade africana dentro do pensamento africano e diaspórico. Olhando retrospectivamente, parece óbvio o porquê. Buscava-se legitimar uma luta comum negra e africana, dentro e fora da África. Em outras palavras, uma unidade para além das diversidades, que podia responder aos desafios da descolonização e da integração (africana e afro-diaspórica) da era pós-colonial, que se avistava no horizonte próximo.

Pode-se ver o destaque dado ao tema também na quantidade de congressos africanos da época que se referiam aos termos negritude, personalidade africana e outros correlatos, como alma negra e subjetividade negra. A personalidade africana surge, por exemplo, nas atas do I Congresso dos Estados Independentes da África, em 1958, em Gana, significando a busca por uma unidade fundamental entre os Estados africanos em relação aos temas mundiais.[98] Nas palavras de Kwame Nkrumah, organizador do evento:

> Por muito tempo em nossa história, a África falou através das vozes dos outros. Agora, o que eu chamei de Personalidade Africana em assuntos internacionais terá a chance de causar um impacto apropriado e permitirá que o mundo a conheça através das vozes dos próprios filhos da África.[99]

Em Gana, especificamente, após a independência, o termo personalidade africana tornou-se parte integrante da doutrina nacional e de sua política externa entre 1957 e 1966.[100] O pró-

---

98 Colin Legum, *Pan-Africanism: A Short Political Guide*. Nova York: Frederick A. Praeger, 1962. **99** Kwame Nkrumah, 1958, apud Ama Biney, *The Political and Social Thought of Kwame Nkrumah*. Nova York: Palgrave Macmillan, 2011, p. 120. Tradução livre. **100** Matteo Grilli, *Nkrumaism and African Nationalism: Ghana's Pan-African Foreign Policy in the Age of Decolonization*. Nova York: Palgrave Macmillan, 2018.

prio Nkrumah retomou o conceito dando-lhe uma concepção mais ampla nos livros *African Personality* (1963) e *Consciencism* (1964). Ali defendeu a personalidade africana como o conjunto de princípios humanistas subjacentes à sociedade africana tradicional. Sobretudo por seus valores de cooperação e igualdade, supostamente construídas sobre a moralidade e cordialidade integrante das culturas africanas.[101]

É interessante observar como as ponderações de Nkrumah se aproximam de certas considerações dos demais pensadores que refletiram sobre o tema (personalidade africana), de Blyden a Diop e Ki-Zerbo. No entanto, parece-nos que há aí uma diferença interessante que se pode registrar entre eles e os teóricos da negritude, em especial Senghor. Diferentemente desses, tais intelectuais buscam sua legitimidade na dinâmica histórica das sociedades africanas, mostrando como elas teriam produzido certas similaridades culturais comuns. Em particular o tipo de coletivismo que lhes seria próprio. Nesse tipo de interpretação, a ênfase recaía nas dinâmicas internas da própria África; já na Negritude, enfocava-se o aspecto dos cruzamentos culturais internos/externos, que formavam o negro, a África, as civilizações, as trocas e renascimentos culturais, as miscigenações etc. Ou seja, enquanto os primeiros falavam de modernizar a África a partir de si mesma, os segundos tendiam a apostar numa visão mais globalizada de África, vista a partir de suas múltiplas formas de internacionalização.

O próprio Nkrumah aponta para essa distinção numa fala da época:

> Quando falo do gênio africano, quero dizer algo diferente da negritude, algo não apologético, mas dinâmico. A negritude consiste em uma afetação e estilo mais literários que

---

101 Ama Biney, op. cit., p. 120.

acumulam palavra sobre palavra e imagem sobre imagem, com ocasional referência à África e às coisas africanas. Não me refiro a uma fraternidade vaga baseada em um critério de cor ou na ideia de que os africanos não têm raciocínio, mas apenas sensibilidade. Pelo gênio africano, quero dizer algo positivo, nossa concepção socialista da sociedade, a eficiência e validade de nossa política tradicional, nosso código altamente desenvolvido de moral, nossa hospitalidade e nossa energia intencional.[102]

O fato é que, independentemente de se verem como mais próximos ou distantes, existe um campo de atuação política comum desses teóricos: a defesa das independências africanas. E, olhando em retrospecto, isso é provavelmente mais óbvio hoje do que à época. Por outro lado, ambos contribuíram para tornar mais complexo e ampliar o escopo temático do pensamento africano, levando-o a um patamar mais elevado em fins da década de 1950.

Em geral, foi só quando as descolonizações começaram a se concretizar na África, entre fins da década de 1950 e início da de 1960, que as distinções ali existentes se tornaram diferenças abissais, incontornáveis, do ponto de vista pessoal e político-ideológico. Entretanto, antes de aprofundarmos esse momento do pensamento africano, cabe sintetizar nossa avaliação do debate em torno da personalidade africana.

A inseparabilidade entre política e cultura

O debate sobre os conceitos de personalidade africana e/ou negritude, em especial conforme trabalhados na década de 1950, é geralmente tido como um momento clássico do pensamento

---

102 Kwame Nkrumah, 1963, apud Ama Biney, ibid., p. 120. Tradução livre.

africano. Ou seja, gradativamente instituiu-se, com razão, que foi um tema central nessa tradição intelectual.

Entretanto, há uma mudança no campo que vale notar. Até fins dos anos 1960, era comum que a bibliografia especializada sobre o assunto contextualizasse o debate no século XX. Em particular, tendo em conta a influência do ativismo e do pensamento diaspórico estadunidense. Em especial, em torno de W. E. Du Bois, Garvey e dos congressos pan-africanos.[103] Via-se o nacionalismo africano nascendo a partir dessa relação direta. Mesmo assim, pouco se falava, por exemplo, da influência do Harlem Renaissance nessa história. Após a década de 1960, os estudos e pesquisas têm buscado demonstrar, de forma complementar, a relevância do nacionalismo africano do século XIX e início do XX nesse processo. Em especial, na África Ocidental.[104]

Do ponto de vista interpretativo fez-se algumas ponderações e destaques. Como o pioneirismo e a importância — lógica e histórica — de Edward Blyden nessa trajetória, e as convergências e divergências entre negritude e personalidade africana, tendo em conta uma apreciação ampla de ambos os termos e, sobretudo, de falas de época.

Para muitos comentadores posteriores, principalmente os que tiveram por foco os anos 1950, era necessário demonstrar uma postura crítica diante de algumas de suas premissas. Algo que foi dito por autores relevantes como Abiola Irele, Wole Soyinka e Paulin J. Hountondji. De modo geral, tende-se a aceitar os méritos e a necessidade histórica da discussão — levando-se em conta sua relação direta com o processo de descolonização —, mas rejeita-se sua ênfase nas supostas essências e similaridades culturais

---

103 Hans Kohn e Wallace Sokolsky, 1968; Immanuel Wallerstein, 1961; Vernon McKay, 1961; Philippe Decraene, 1959.　**104** Robert W. July, 1968; Henry S. Wilson, 1969; Emmanuel A. Ayandele, 1970; Jacob Ajayi e Michael Crowder, 1971; J. Ayodele Langley, 1973; Albert Adu Boahen, 1973; Pieter B. Van Hensbroek, 1999.

africanas, assim como sua "romantização" do passado africano.[105] Tais críticas são contemporâneas ao próprio debate. Talvez a mais famosa delas tenha sido a de Frantz Fanon, no livro *Pele negra, máscaras brancas* (1952), com a franqueza que lhe era característica: "A descoberta da existência de uma civilização negra no século XV não me concede nenhum brevê de humanidade. Quer se queira, quer não, o passado não pode, de modo algum, me guiar na atualidade".[106]

No entanto, mais do que uma relevância de época, já destacada, penso que a referida discussão, iniciada por Blyden e retomada nos anos 1950, possui um mérito pouco comentado: construir uma visão não dualista entre cultura e política no interior do pensamento africano. Ou seja, para além das diferenças e divergências apontadas, é comum aos intelectuais referidos neste ensaio, seja da personalidade africana, seja da negritude, uma defesa da inseparabilidade desses dois planos da luta (cultura e política) dentro do pensamento e do ativismo. Isso é algo interessante. E guarda especial relevância para um pensamento maculado desde sua origem pelo racismo europeu.

Os intelectuais africanos e diaspóricos de época tinham consciência desse fato. Era inclusive algo discutido coletivamente. Eles acreditavam que tal visão não dualista de política e cultura seria um caminho próprio, negro-africano, para a criação de uma práxis descolonizadora total, que tanto lutasse pelas independências quanto pela afirmação soberana no período pós-colonial. A passagem abaixo é de um editorial da *Présence Africaine* de 1960, e deixa isso evidente:

> Pois não é o desejo de seus inimigos (das lideranças africanas) transformar essa independência em uma mera paródia? Se tal designo deve ser combatido desde o início, uma dessas

---

105 Michael Janis, op. cit., p. 167.   **106** Frantz Fanon, op. cit., p. 186.

tarefas, tanto para os que estão em cargos oficiais quanto para todos aqueles patriotas marcados por um senso de consciência, será lutar, sob a influência da convicção pessoal, para criar uma sociedade humana cujo significado e magnetismo serão tais que os africanos ou malgaxes reconhecerão neles sua própria imagem, e se sintam automaticamente à vontade para se misturar naturalmente com todos os seus irmãos-cidadãos, dos ministros até os mais humildes aldeões.

É compreensível que tal resultado implique uma multiplicidade de fatores convergentes. E um dos decisivos será certa harmonização das atividades culturais com as políticas.

Pode-se dizer, com efeito, que esse fator encarna a verdadeira definição de "descolonização", se — como enfatizamos — é correto dizer que a característica fundamental do colonialismo está na separação deliberada dos dois conceitos (o cultural e o político) e na vontade de transformar aqueles que são colonizados em seres condenados a viver e se mover por uma condição humana completamente desconectada de qualquer ligação direta com as iniciativas e as ambições de seus próprios povos.

Se a independência, uma vez recuperada, significa algo mais que uma concha vazia ou um pretexto para se apegar ao antigo sistema colonial, os atos políticos pressupõem necessariamente uma base cultural. Agora está claro que a interdependência dos dois conceitos é de tal modo que, ao mesmo tempo que torna a política essencialmente uma questão cultural, dota a cultura de um significado e de demandas inevitavelmente políticas. Isso é compreensível.

O homem branco usou a sua assim chamada cultura superior para justificar sua supremacia, política ou não, no resto do mundo. E o caráter profundamente enraizado do movimento que agora está trazendo mudanças tão drásticas em nossas diferentes terras é explicado pelo fato de que esse mesmo mito está agora sendo questionado, com africanos e malgaxes unânimes em sua vontade de rejeitá-lo, e o fazem em voz alta.[107]

Nesse sentido, entende-se o esforço coletivo que os intelectuais africanos da época tiveram na promoção de iniciativas comuns, buscando superar suas divergências e promover encontros de reflexão e aproximação política e cultural. Foi o trabalho levado a cabo, por exemplo, pela Sociedade Africana de Cultura (patrocinadora da *Présence Africaine*) e pela Casa dos Estudantes do Império, que reunia estudantes africanos (muitos deles, futuros líderes da descolonização) em Lisboa como, Amílcar Cabral, Agostinho Neto, Mario de Andrade e outros, como o brasileiro Fernando Mourão, um dos pioneiros de pesquisas em África no Brasil.[108] Vale destacar, por exemplo, o papel que I e o II Congresso dos Escritores e Artistas Negros tiveram, respectivamente em 1956 (Paris) e 1959 (Roma). E já no I Congresso dizia-se:

> Nos seja permitido, entretanto, retomar a justificativa de nossa preocupação com a cultura [...]. Com efeito, a cultura (hoje) se torna um formidável instrumento de ação política, no mesmo momento em que tem ambição e vocação para inspirar a política.
>
> A cultura a serviço da política comum não é um fenômeno novo. Os políticos sempre fizeram uso da cultura e da espiritualidade para encontrar uma base e um reforço para a sua autoridade. [...] Mas a cultura criativa rejeita qualquer subordinação e está determinada a cumprir plenamente as suas próprias responsabilidades, das quais a

---

107 *Présence Africaine*, 1960, pp. 5-6. Tradução livre.   **108** Fernando A. Mourão, "O continente africano: Utopia e realidade ao nível dos modelos de explicação — uma questão de método". *África*: CEA/USP, São Paulo, n. 16-17, v. I, 1993/1994, p. 7.

principal é manter a liberdade de expressão. [...] A cultura é meramente o esforço vital através do qual cada raça e cada indivíduo, por sua experiência e aspirações, seu trabalho e reflexões, reconstroem um mundo cheio de vida, pensamento e paixão, inspirando a ter mais sede do que nunca pela justiça, pelo amor e pela paz. [...] Isso deixa claro que, de nossa parte, temos duas tarefas primordiais:

I. Apresentar diante da audiência mundial a expressão de nossas culturas originais, à medida que interpretem a vida presente de nossos povos e nossa personalidade;

II. Refletir de volta aos nossos próprios povos a imagem de suas aspirações, sua experiência e suas alegrias, iluminadas pelas experiências, alegrias e esperanças do mundo.

Em suma, tornar a nossa cultura uma força de libertação e de solidariedade e, ao mesmo tempo, o cerne da nossa personalidade interior.[109]

Vários pontos merecem destaque. Em especial, a compreensão que a *Présence* teve da cultura como uma força de libertação e solidariedade. Não apenas no sentido de que fosse algo a ser instrumentalizado pela força política — no caso, das independências africanas. Mas como um fenômeno com potencial próprio, desde que vivenciado pelos indivíduos. Ou seja, uma "cultura criativa".

Essa breve análise mostra o grau de complexidade e polêmica que o debate em torno da negritude e/ou personalidade africana alcançou nos anos 1950. Não existia uma única posição sobre o assunto, como às vezes se coloca. Entretanto, os que defendiam tal assunção à época não estavam defendendo uma posição retrógrada, no sentido de que ela — negritude ou personalidade africana — poderia ser assumida tal qual existiu

---

109 *Présence Africaine*, 1956, pp. 5-6. Tradução livre.

no mundo pré-colonial. Seria a assunção de uma cultura desde uma perspectiva dinâmica, vivificada e enraizada nas massas populares, assim como pedia acima a *Présence*. É uma visão, portanto, que pretendia projetar a "africanidade" tendo em vista a construção de uma modernidade própria. Algo típico de um adversário íntimo do Ocidente.

Talvez os mais talentosos intelectuais a escrever sobre essa relação política-cultura tenham sido Frantz Fanon e, posteriormente, Amílcar Cabral, na década de 1960, num momento um pouco posterior ao que aqui se enfatizou. A partir da experiência da Revolução Argelina, Fanon defendeu a ideia de que a superação da estrutura de poder do capitalismo colonial, concretizada pelo colonialismo francês naquele país africano, deveria ser realizada por uma práxis popular anticolonialista, sob a liderança de um partido revolucionário. E com essa luta, dizia Fanon, o povo poderia se libertar da dominação psicológica e cultural do colonialismo, para formar uma nova cultura popular, híbrida, positiva, em constante movimento, cujas características maiores seriam a vivacidade e a mescla de práticas autóctones e europeias. A existência dessa nova cultura é que deveria, para Fanon, corporificar o partido revolucionário. Sem isso, este se limitaria a uma posição elitista e tendencialmente conservadora.[110]

Num sentido próximo, Cabral vai dizer que não existiria uma África, pois isso seria uma idealização. Existiriam várias Áfricas. E caberia ao intelectual e militante urbano "reafricanizar-se" nessas "áfricas" que se poderia vivenciar nas culturas populares do continente. Pois, afinal, ali estaria o germe popular da resistência ao colonialismo e a ocidentalização. Em suas palavras:

110 Frantz Fanon, 2005.

a contestação cultural do domínio colonial — fase primária do movimento de libertação — só pode ser encarnada eficazmente com base na cultura das massas trabalhadoras dos campos e das cidades, incluindo a "pequena burguesia" nacionalista (revolucionária), reafricanizada ou disponível para uma reversão cultural.[111]

Vamos retomar esse ponto no próximo capítulo. Mas, resumindo nosso argumento, os teóricos da descolonização igualmente refletiam sobre a cultura na mesma época. Há uma diferença de ênfase, é verdade. Os teóricos da personalidade africana tendiam mais para a história; os da negritude, mais para o culturalismo; os da descolonização, mais para a vivência popular do presente africano, como no caso de Fanon e Cabral.[112] Seja como for, esse arcabouço cultural, a ser recuperado e destacado, seria apenas o início de um projeto em construção, cuja culminação seria a formação de uma nova e modernizada África. Era uma bela utopia, sem dúvida.

Em 1956, o escritor afro-americano Richard Wright fez uma comunicação no já referido I Congresso dos Escritores e Artistas Negros, que vale relembrar neste momento. Chamava-se "Tradição e industrialização". Lá, ele fala em tom profético sobre as novas elites do Terceiro Mundo e sua relação com o "Ocidente". Seu ponto é o seguinte: se o Ocidente rejeitar a afirmação nacional modernizante das elites do Terceiro Mundo, vai se criar um círculo vicioso de luta antimodernista, baseado em discursos raciais e/ou religiosos que se

---

111 Amílcar Cabral, "Libertação nacional e cultura". In: Manuela R. Sanches (Org.), *As malhas que os impérios tecem: Textos anticoloniais, contextos pós-coloniais*. Lisboa: Edições 70, 2012, p. 365.   112 Gustavo K. Rolim, "Revolução e cultura no pensamento de Frantz Fanon e Amílcar Cabral". In: José R. Macedo (Org.), *O pensamento africano no século XX*. São Paulo: Outras Expressões, 2016.

reforçariam mutuamente: antiocidentalismo x ocidentalismo. E, se isso acontecer, "tudo estará perdido", pois seria o fim da própria racionalidade.[113]

É interessante observar a atualidade de tal colocação, oitenta e poucos anos depois. O que o pensamento africano buscava mostrar, nos anos 1950, é que uma visão projetiva e progressista que abarcasse a cultura poderia ser um elemento central para a criação de alternativas políticas à barbárie irracionalista, apontada por Wright. Resta saber se já não é tarde para essa possibilidade.

---

[113] Richard Wright, "Tradition and Industrialization". *Présence Africaine*, v. 8-9-10, jun-nov, pp. 355-69, 1956.

2.
O reino político

Chegou o tempo de este problema ser colocado claramente para que não haja possibilidade de futuros desentendimentos ou confusões. O Negro, mesmo quando abraça o Comunismo ou a Democracia Ocidental, não está apoiando ideologias; ele está procurando usar instrumentos (instrumentos que são propriedade controlada por homens de outras raças!) para seus próprios fins.

Richard Wright[1]

A citação acima é relevante tanto por sua autoria, época e localização quanto por seu conteúdo. Ela é do escritor afro-americano Richard Wright. E é parte do prefácio ao polêmico livro de George Padmore, *Pan-Africanism or Communism? The Coming Struggle for Africa* [Pan-africanismo ou comunismo? A próxima luta da África]. Os nomes são aí importantes. Wright, na década de 1950, era uma figura mundialmente conhecida, tanto por seu talento como escritor quanto por sua atuação política como ativista negro e jornalista. Padmore, do mesmo modo, era tido como o maior organizador do movimento pan-africanista. Esse antilhano de origem já havia se tornado africano existencialmente, por sua dedicação à luta de libertação da África. Foi o principal articulador do V Congresso Pan-Africanista de Manchester (1945). E, nessa data, um dos principais conselheiros de Kwame Nkrumah, com quem trabalhou posteriormente em Gana após a independência do país, em 1957.

---

1 Richard Wright, "Foreword". In: George Padmore, *Pan-Africanism or Communism? The Coming Struggle for Africa.* Londres: D. Dobson, 1956. Tradução livre.

Quanto ao conteúdo, nada mais revelador. A apreciação de Wright põe a nu a essência do livro de Padmore, escrito no calor dos eventos que levaram às independências africanas. Evidentemente, isso está dito na obra de forma menos direta e mais analítica. Mas a questão que ele queria enfatizar era esta: os nacionalistas africanos deveriam trilhar seu próprio caminho utilizando o melhor de cada tradição ocidental para seus próprios objetivos. No caso, as descolonizações africanas. E ele mostra como isso foi sendo tentado historicamente. Trata-se de um excelente estudo de geopolítica e relações internacionais, de alguém que viveu os fatos históricos.[2]

Claro, há ali uma questão simbólica, que também era política. Onde Padmore escreve nacionalismo africano, pan-africanismo, Wright subentendeu: negro. Era uma questão significativa? Em parte, sim. O pensamento africano sobre a libertação viveu nessa ambivalência. Ele nasceu e se consolidou no bojo do debate sobre a personalidade africana que, como se viu, incluía concomitantemente ideias sobre a raça, o pan-africanismo, a negritude, as culturas africanas, as perspectivas africanas, a diáspora. Parte dele, porém, foi se afastando dessa herança nos anos 1960 e 1970, dando luz às teorias que mantinham mais afinidade com o marxismo e o liberalismo. Na verdade, às vezes tal dualidade esteve presente em cada autor/ativista, por conta de questões intelectuais, políticas ou conjunturais. Todas essas trajetórias, com suas tensões, contradições, continuidades e descontinuidades, são parte da história intelectual do pensamento africano contemporâneo desse período.

---

2 Agradeço ao historiador Pablo de Oliveira de Mattos por ter-me possibilitado o acesso a uma cópia do livro, na verdade muito comentado e pouco lido.

O fator Nkrumah

"Procurai primeiramente o reino político, e todo o restante vos será dado em suplemento." A frase é do presidente ganense Kwame Nkrumah e se tornaria emblemática para toda uma geração de líderes e pensadores africanos. Por conter muito do espírito de uma época, dos anos 1960, ela é costumeiramente citada por intérpretes do pensamento africano do período pós-guerra.

Assim o fez, por exemplo, Ali Mazrui, conhecido cientista político queniano, num dos capítulos do oitavo volume de *História geral da África*. Lá, ele conclui sobre a ingenuidade de tal colocação, interpretando-a literalmente. Afinal, como se poderia garantir que, a partir da conquista do "reino político", tudo o mais seria garantido? Todavia, para não falsear o argumento de Nkrumah, cabe citar a frase em sua integralidade:[3]

> Deve-se apontar para a realização do Reino Político, isto é, da completa independência e autodeterminação de seus territórios. Quando você tiver alcançado o Reino Político, tudo o mais seguirá... Mas esse poder que você alcançará não é um fim em si mesmo... Juntamente com essa vontade de independência existe um desejo igual por alguma forma de união africana... dentro do ambiente de um sistema

---

3 Na obra referida, Mazrui afirma que a frase foi proclamada em 1957, por ocasião da independência de Gana. A referência dada é Nkrumah, 1957. Mas há algo errado. Em primeiro lugar porque tal referência não consta na bibliografia da obra. Depois, enquanto discurso de independência, só se poderia estar falando de dois discursos, nos quais a citada frase não aparece. Para uma análise dos discursos ver, entre outros, Eric O. Mensah, 2016. Encontrou-se a célebre frase de forma quase literal num discurso de Nkrumah de 1961, que se usa a seguir como base deste comentário.

social adequado às tradições, à história, ao meio ambiente e ao padrão comunal da sociedade africana.[4]

Ou seja, pelo menos nesse discurso, Nkrumah não via o reino político (enquanto soberania política) como um fim em si mesmo, como disse Mazrui. Pelo contrário, ele é um poder que permite a realização de um objetivo final: a união africana. Aí sim, uma tese que o líder ganense sempre retomava, tanto em seus ensaios quanto em seus discursos públicos, desde a independência nacional de Gana.

Seja como for, é fato que a crença quase obsessiva pela ação política, que a frase delineia, era uma tendência característica do pensamento africano das décadas de 1950 e 1960. Foi somente nos anos 1970, quando a crise econômica internacional começou a se fazer sentir, que tal premissa foi desaparecendo. Todavia, antes de nos afogarmos nesse oceano de realismo, façamos um tour pela "geração da utopia", como bem definiu Pepetela.[5]

Kwame Francis Nwia Kofie Nkrumah (1909-1972) foi alguém paradigmático desse contexto histórico e dessa geração. Natural da Costa do Ouro (então colônia britânica), teve forte formação católica em sua infância e juventude. Estudou na prestigiosa Escola de Achimota (Acra, Gana), onde teve James Aggrey como professor e mestre. Em 1935, foi aos Estados Unidos, onde se diplomou em Ciência Política, Teologia e Filosofia durante a Segunda Guerra Mundial, nas Universidades de Lincoln e Pensilvânia. Por lá, tornou-se presidente da Associação de Estudantes Africanos e se envolveu com outras

4 Kwame Nkrumah, 1961, apud Baruch Hirson, *Communalism and Socialism in Africa*: *The Misdirection of C.L.R. James* (1989). Disponível em: <https://www.marxists.org/archive/hirson/1989/clr-james.htm>. Acesso em: 27 jun. 2020. Tradução livre.   5 Pepetela, *A geração da utopia*. São Paulo: Leya, 2013.

organizações pan-africanas nascentes, como o Conselho de Assuntos Africanos. Conheceu bem o ativismo negro estadunidense. E, em sua autobiografia, confessou que tinha uma admiração particular nessa época por Marcus Garvey, que via como uma referência de patriotismo africano.

Em 1945, por indicação do historiador C. L. R. James, Nkrumah foi completar seus estudos na Universidade de Londres. Na Inglaterra tornou-se vice-presidente da Associação de Estudantes da África Ocidental e membro da Federação Pan-Africana, coordenada por Padmore.[6] Em virtude de sua formação e contatos, Nkrumah tornou-se uma figura relevante no cenário africano e diaspórico de Londres. Foi peça-chave, por exemplo, na construção e organização da V Conferência Pan-Africanista de Manchester (1945), que, além de defender explicitamente a libertação da África, criou uma sólida rede de organizações e lideranças africanas de vertente anglófona.

Em 1948, voltou ao seus país natal com um convite para se tornar dirigente de uma organização local, a Convenção Unida da Costa de Ouro. No entanto, por causa de desentendimentos com lideranças de tal instituição, desfiliou-se e formou sua própria agremiação, o Partido da Convenção Popular (PCP). Esse novo partido cresceu vertiginosamente, e Nkrumah se converteu num dos principais líderes políticos locais. Tornou-se então defensor das táticas da "Ação Positiva" a Gandhi, de resistência ativa mas pacífica. E a luta deu frutos. Em 1952, devido à pressão popular, foram organizadas eleições livres, ainda sob domínio colonial. O PCP saiu vencedor. E Nkrumah ocupou o cargo de primeiro-ministro entre 1952 e 1956. Em 1957, conquistou-se definitivamente a independência. O país é então renomeado como Gana, em referência ao reino de mesmo nome que existiu na África Ocidental entre os séculos III e XIV.

---

6 Hakim Adi e Marika Sherwood, op. cit., p. 143.

Em todo esse período de retorno à África, Nkrumah continuou próximo a Padmore, seu mentor político, que buscava transformá-lo numa espécie de "Lênin" da África.[7] Mas o título que ele assumiu ao conquistar a independência foi outro: Osagyefo (líder vitorioso, redentor, em axante). Após a independência, ambos trabalharam pela construção de uma ideologia pan-africanista nova, "socialista" — mas não comunista —, em que o Estado deveria ser o centro da vida social e econômica. Acra, a capital nacional, tornou-se então um local de intensa efervescência pan-africanista, promovendo diversos encontros de lideranças africanas e da diáspora com vistas à formação da "unidade africana". Foi o momento de célebres reuniões como a Conferência dos Estados Independentes da África (1958) e a Conferência dos Povos Africanos (1958). Tal ambiente continuou efervescente enquanto durou o governo Nkrumah, que foi de 1957 a 1966. Nesta data, ele foi deposto por um golpe militar coordenado pela CIA, enquanto estava em viagem para a China.[8]

A trajetória rica de Nkrumah é significativa para aqueles que buscam compreender seu pensamento, que se tornou um clássico do pensamento africano. Uma figura incontornável, tanto no campo das ideias quanto na prática política na África, ainda nos dias correntes.

Sua formação inicial era comum à de outros nacionalistas africanos do entreguerras. Por exemplo, tal qual Nnamdi Azikiwe

---

7 Matteo Grill, *Nkrumaism and African Nationalism*: *Ghana's Pan-African Foreign Policy in the Age of Decolonization*. Nova York: Palgrave Macmillan, 2018. Ama Biney, *The Political and Social Thought of Kwame Nkrumah*. Nova York: Palgrave Macmillan, 2011. 8 O fato é tão notório que foi publicamente confessado por um ex-agente da CIA, John Stockwell, em seu livro, *In Search for Enemies: A CIA Story* (Nova York: WW Norton Company, 1978, p. 201). Ver também: Godfrey Mwakikagile, *Western Involvement in Nkrumah's Downfall*. Dar es Salaam: New Africa Press, 2015.

(futuro presidente da Nigéria), Senghor (futuro presidente do Senegal) ou Jomo Kenyatta (futuro presidente do Quênia), Nkrumah consolidou seu desenvolvimento intelectual e profissional fora da África. Em decorrência desse fato, tais líderes — ainda jovens estudantes — conseguiram angariar apoio externo às suas lutas de independência. Não à toa, muito dessa assistência vinha de grupos políticos dos Estados Unidos e da URSS, países que visavam ocupar o espaço geopolítico e econômico que as descolonizações poderiam abrir com o fim do sistema colonial. Mas também havia amparo de instituições liberais das metrópoles, sobretudo inglesas. No caso de Nkrumah, sua trajetória levou-o a uma inclinação — sem comprometimento — para o campo socialista, mediado por sua aderência irrestrita ao terceiro-mundismo da Conferência de Bandung (1955), ocorrida na Indonésia entre 18 e 24 de abril de 1955. Ela reuniu 29 países asiáticos e africanos, tendo como objetivo garantir as descolonizações e a construção de uma terceira força nas relações internacionais, após a consolidação da Guerra Fria.[9] O mesmo jogo de inclinações, mas sem comprometimentos, era utilizado por diversos líderes africanos na relação com suas ex-metrópoles, tentando negociar a independência e a continuidade das relações econômicas no período pós-colonial. E havia certo espaço para tais manobras nos anos 1950 e início dos anos 1960.

Não por acaso, foi nesse momento que se viu florescer reflexões e práticas que buscavam criar caminhos próprios africanos,

9 Daí se explica o argumento polêmico do livro citado de Padmore, de 1956, *Pan-Africanism or Communism?*. Afinal, não havia tal dicotomia à época. Ele foi escrito com a finalidade de dissipar dúvidas do mundo "ocidental" sobre o caráter político-ideológico das novas lideranças nacionalistas, africanas, em geral, e de Gana, em particular. Ou seja, eram nacionalistas, "socialistas", pan-africanistas, mas não comunistas. O próprio Nkrumah, diga-se de passagem, costumeiramente exaltava suas boas relações políticas e pessoais com líderes do centro, como o presidente estadunidense John Kennedy e a rainha Elizabeth, da Inglaterra.

instigados pelo "espírito de Bandung". Ou seja, pelo desejo de autodeterminação, que se difundia pelo mundo afro-asiático junto com os movimentos de descolonização.[10] E, nesse sentido, ideias como as da negritude e da personalidade africana ganharam nova vida, tornando-se o cerne de utopias concretas. Algo que contagiou até mesmo o pensamento egípcio de época que, incentivado por Gamal Abdel Nasser,[11] passou a dialogar com a sua africanidade — e não apenas, como de costume, com o mundo árabe islâmico do Magreb e do Oriente Médio.[12] Do mesmo modo, a defesa de uma personalidade africana — como direito à defesa dos seus valores, línguas e culturas — estava presente na luta contra o regime de segregação racial do apartheid na África do Sul, oficialmente imposto em 1948. Ela aparece, por exemplo, já na formação da Liga Juvenil do Congresso Africano (1944), liderada por Nelson Mandela. Ali, identifica-se a luta política que comunga com a luta cultural pela defesa dos valores da personalidade africana:

10 Vijay Prashad, *The Darker Nations: A People's History of the Third World*. Londres: The New Press, 2007.   **11** Gamal Abdel Nasser (1918-1970) nasceu e viveu toda sua vida no Egito. Estudou para ser advogado, mas profissionalizou-se no Exército, diplomando-se na Academia Militar do Cairo, em 1938. Lá, junto com colegas, criou um grupo militar nacionalista chamado Sociedade dos Oficiais Livres, que pretendia liquidar a monarquia egípcia, então subserviente à dominação semicolonial britânica. Seus objetivos foram concretizados e, em 1952, proclamou-se a fundação de uma nova república. Após lutas internas entre os revolucionários, Nasser assumiu o poder como presidente em 1956. Ele ocupou o posto até sua morte, em 1970.   **12** O próprio Nasser afirmou em seu livro *Filosofia da Revolução* (1955) que a África fazia parte de um dos "três círculos de força" em que a Revolução Egípcia deveria se integrar e agir. Os demais seriam a zona árabe e o mundo islâmico (Gamal A. Nasser, *A revolução no mundo árabe*. São Paulo: EDARLI, 1963, p. 113). É verdade, entretanto, que as citações de África e dos africanos no referido livro guardam um tom paternalista. Para além do discurso, vale lembrar que Nasser contribui efetivamente com os movimentos de descolonização na África, com os de Angola, Camarões, Somália, África do Sul, Uganda etc.

coletivista, harmônica e holística.[13] Não por coincidência, de forma mais enxuta, o mesmo é lembrado tanto na Carta de Liberdade das Mulheres (no ato da fundação da Federação das Mulheres Sul-Africanas, 1954) quanto na Carta da Liberdade, da Aliança do Congresso Sul-Africano (1955).

Nesse contexto, ganharam destaque inicial os primeiros líderes africanos que conseguiram transformar tais ideias em projetos concretos, aliando uma visão de soberania nacional com ações terceiro-mundistas e pan-africanistas. Foi o caso de Nkrumah e Nasser, desde o início da década de 1950. Outros líderes o fizeram posteriormente, entre fins dos anos de 1950 e 1970, e isso é algo relevante para esta reflexão em que se destaca a experiência de Nkrumah. Ao ter a oportunidade de governar (como primeiro-ministro, entre 1952-1956) e realizar a independência efetiva (1957) antes que os demais países africanos (sul-saarianos), ele pôde observar com propriedade as dificuldades existentes em governar um país africano recém-independente como Gana: pequeno, periférico, agroexportador, com parcos recursos financeiros e déficit educacional (formal), científico e tecnológico. Diante desse dilema, desde o início de sua trajetória como presidente, o líder ganense buscou consolidar uma política pan-africanista incentivando a formação de uma unidade africana regional (África Ocidental) e, quiçá, continental. Em suas palavras, os "Estados Unidos da África", uma nação-continente, federalizada.

Para Nkrumah, essa era a única saída para que a África construísse uma soberania de fato. Ou seja, seria necessário construir uma unidade continental com poderes supranacionais, para além das fronteiras herdadas do colonialismo. O pensamento

---

13 Eduardo Devés-Valdés, *Pensamiento periférico: Asia, Africa, America Latina, Eurasia y algo más. Una tesis interpretativa global.* Buenos Aires: CLACSO/Idea-USACH, 2014, p. 392.

de Nkrumah foi condensado em uma obra clássica: *Neocolonialismo: Último estágio do imperialismo* (1965). Ali, ele defendeu a tese de que o neocolonialismo era um novo imperialismo, por ser um imperialismo mais sofisticado, sem alguns dos traços mais relevantes do colonialismo. Naquele, estaria mantido o poder do centro capitalista com uma dominação indireta, que funcionaria pela "balcanização" e posterior "satelização" das antigas colônias, agora ao menos formalmente independentes. Seu domínio se faria basicamente pela economia, através da defesa dos interesses capitalistas externos e de seus sócios internos. Mas também haveria neocolonialismo nas relações de domínio político, cultural, religioso e, quando necessário, de natureza militar. Contra tal sistema, dizia o líder ganense, era preciso construir um campo político amplo em defesa da unidade e da integração africana, do ponto de vista territorial, econômico, cultural, energético e político. Isso, para ele, era o pan-africanismo. Seria o único caminho pelo qual os países africanos, especialmente os de pequeno porte territorial e econômico (como Gana, sua pátria), poderiam sobreviver diante das pressões neocoloniais.[14] O argumento é retomado em *Africa Must Unite* [A África precisa se unir] (1963).

As ideias de Nkrumah tornaram-se muito difundidas no continente e para além dele, entre fins dos anos 1950 e início dos 1960. O grupo da *Présence Africaine*, referenciado no capítulo anterior, por exemplo, estava muito próximo do ideal pan-africanista do líder ganense na época. Veja-se a opinião da comissão editorial da revista, em 1960:

A questão da independência em geral para todo o continente é um tema do dia, mas isso não deve ocultar o aspecto

---

14 Kwame Nkrumah, *Neocolonialismo: Último estágio do imperialismo*. Rio de Janeiro: Civilização Brasileira, 1967, p. VII-XIII.

menos visível — e mais espinhoso — que é o problema de construir o futuro da África. Estamos nos referindo aqui ao movimento pela unidade do continente e de luta contra a balcanização, e nessa conexão não podemos demorar muito, como disse o dr. Nkrumah, que, na Conferência de Acra em abril, chamou atenção para os perigos reais — e já a todos visível — da determinação das potências ocidentais para resistir ao movimento em direção à unidade africana.

Não se pode negar que levar os novos Estados africanos a pactos e alianças, como o Acordo de Mercado Comum, que cria divisão na Europa e mantém a Guerra Fria viva, significa afastá-los de sua missão e vinculá-los a uma política que os distrai da tarefa imediata que eles têm que executar.

A balcanização para a África negra significaria uma espécie de morte para a independência. É a retaliação dos imperialistas, que, forçados agora a satisfazer a reivindicação nacional de soberania, busca-se separar essa soberania em fragmentos e, assim, recuperar toda a sua influência formal e seu poder de prejudicar.[15]

Em suma, para o grupo da *Présence*, vivenciava-se um momento decisivo da luta pela descolonização, dada a iminência de novas independências nacionais. Para eles, por causa disso, seria preciso acelerar o trabalho político pela união africana, sem o que se recairia na dita balcanização. E, consequentemente, no neocolonialismo. Contra isso, seria necessário construir, politicamente, um modelo regionalista que possibilitasse o nascimento de uma nova África, país-continente. Este pan-africanismo era uma utopia concreta.

---

15 *Présence Africaine*, 1960a, p. 108. Tradução livre.

Do mesmo modo, tal apoio pode ser observado nos ensaios e artigos dos colaboradores mais próximos da *Présence* nesse período. Um dos exemplos está nas colocações de Cheikh Anta Diop, por conta de uma entrevista que realizou com o então ministro do Interior da Federação do Mali, Mamadou Madeira Keita, ele também um apoiador das ideias de Nkrumah. O debate gira em torno da ideia exposta por Keita na entrevista, de que o partido único seria a melhor forma de governo possível para os países africanos recém-libertados, visto que esses teriam uma necessidade premente de organização social e nacional. Diz Diop para Keita:

> Você falou do partido único. Como alguns camaradas já sublinharam, quando esse encarna as aspirações nacionais, é uma ótima ideia. Mas, quando ele domina toda a vida política da nação, toda a vida nacional, e a orienta por sua livre vontade, sem levar em conta as aspirações do povo, o partido único pode ter consequências um tanto graves. [...]
>
> A outra alternativa é orientar a África para uma Federação. Nesse caso, uma forma política diferente e uma concepção política diferente são imperativas. Em primeiro lugar, devemos tornar nossas intenções muito claras imediatamente, sem esperar até que as fronteiras políticas sejam constituídas, porque depois será mais difícil e talvez tarde demais para federar o continente africano. Devemos mobilizar as pessoas no âmbito da ação nacional. A unificação política do continente africano levanta o problema de pertencer à Comunidade e pertencer à Commonwealth e também suscita um problema de timing. É por isso que eu foco nessa questão.
>
> Ao nos federalizarmos do Saara até o Cabo, do oceano Atlântico ao oceano Índico, para formar um grande Poder que, do ponto de vista do potencial energético e do

potencial econômico, será tão forte como a União Soviética ou a América, devemos mostrar aos nossos antigos países-mães que, portanto, nós não os negligenciamos. [...]

Agora, gostaria de chamar sua atenção para outros dois pontos: unificação política e unificação cultural.

A unificação política significa que fazemos todos os arranjos necessários para garantir que a África negra seja unificada no menor tempo possível com base no que acabei de indicar.

A unificação cultural e linguística significa que um dia poderemos falar uma única língua. Mas esse é outro problema.[16]

Ou seja, para Diop, a África deveria caminhar para um projeto federalista, que criasse um poder único, que aliasse unificação política com a cultural.

A partir de 1960, entretanto, conforme outros países africanos iam conquistando independência,[17] as ideias e projetos de Nkrumah se tornavam cada vez mais questionáveis aos demais líderes africanos. Em especial da África francófona. Publicamente ninguém dizia ser contrário a algum tipo de integração dos países africanos. Muitos líderes das novas nações africanas, porém, viam os desígnios de Nkrumah como uma tentativa de colonialismo interno, em que os Estados já independentes (como Gana) pretendiam anexar territorialmente os recém-independentes. Em suma, embora houvesse certo

---

16 Cheikh A. Diop et al., "The Single Party in Africa. Interview with Mr. Madeira Keita". *Présence Africaine*, n. 30, fev.-maio, 1960, pp. 46-7. Tradução livre.
17 Guiné (1958), Benim (1960), Burkina Faso (1960), Camarões (1960), República Democrática do Congo (1960), Congo (1960), Gabão (1960), Chade (1960), República Centro-Africana (1960), Madagascar (1960), Mali (1960), Mauritânia (1960), Níger (1960), Nigéria (1960), Costa do Marfim (1960), Senegal (1960), Togo (1960), Serra Leoa (1961), Uganda (1961), Tanzânia (1961), Ruanda (1962), Burundi (1962), Argélia (1962), Quênia (1963).

consenso quanto à necessidade da unidade africana, não havia concordância em como e quando ela ocorreria.

Nnamdi Azikiwe, então governador-geral da Nigéria (independente desde 1960), foi um dos líderes que se posicionaram publicamente contra a ideia de uma unificação rápida e maximalista do continente africano. Algo a se destacar porque mostra que não se tratava, apenas, de uma divisão entre África francófona e anglófona, embora tal distinção fosse relevante. Azikiwe defendia a ideia de que tal unidade deveria se construir a partir de uma integração gradual de viés econômico e social dos povos africanos, e não pela ação política de seus líderes. Em suas palavras:

> [...] os pré-requisitos da integração política na África são a integração econômica e social dos povos africanos. Caso contrário, estaremos precipitando uma crise que vai encontrar líderes africanos enganando-se pela liderança de um povo que não é apenas estranho a si mesmo, mas que não está preparado para tal revolução social. Isso seria desastroso para os ideais do pan-africanismo que todos nós, como verdadeiros nacionalistas, temos propagado por todos esses anos.[18]

Também Julius Nyerere, conhecido líder tanzaniano defensor do pan-africanismo, sentenciou em 1961:

> Eu acredito que existe um verdadeiro dilema encarando o pan-africanismo. Por um lado, é o fato de que o pan-africanismo demanda uma consciência africana e uma lealdade africana; de outro, é o fato de que cada pan-africanista precisa também cuidar da liberdade e do desenvolvimento de

18 Nnamdi Azikiwe, "Nigeria in World Politics". *Présence Africaine*, v.4/5, n. 32/33, 1960, p. 30.

cada nação africana. Essas coisas podem conflitar. Vamos admitir que elas já conflitaram.[19]

Tratava-se, portanto, de uma divergência político-ideológica propriamente africana, que já se delineava no VI Congresso Pan-Africano, em Kumasi (Gana, 1953), mas que foi se radicalizando nas primeiras Conferências de Estados Africanos Independentes: Acra (Gana, 1958), Monróvia (Libéria, 1959) e Addis Abeba (Etiópia, 1960). Uma tensão que foi aumentando e se internacionalizando rapidamente com o desafio da descolonização e o agravamento do confronto entre Leste e Oeste. Por fim, houve a crise do Congo, em 1960, que acabou com a deposição e assassinato brutal de Patrice Lumumba, que era atacado por uns e apoiado por outros líderes africanos. A partir de então, a polarização se consolidou e tornou-se inclusive de nível pessoal, dando origem a duas vertentes do pan-africanismo no início dos anos 1960: o Grupo de Brazzaville (1960) — posteriormente Monróvia (1962) — e o Grupo de Casablanca (1961).

Tal divisão quase extinguiu o desejo de construir uma política comum dos países africanos entre 1960 e 1963. O Grupo de Casablanca tinha por membros Gana, Guiné, República Árabe Unida (federação de Egito/Síria), Mali, Sudão, Marrocos (apesar das posições moderadas do rei Mohamed V), Líbia e Tunísia, contando ainda com a participação de delegados da Frente de Libertação Nacional (FLN, Argélia) e da União Popular dos Camarões (UPC, Camarões). Ele reunia aqueles dirigentes africanos militantes de um pan-africanismo mais radical, do socialismo e do não alinhamento em relação à Guerra Fria, preconizando a planificação e um desenvolvimento econômico

---

19 Julius Nyerere apud Ayodele Langley (Org.), *Ideologies of Liberation in Black Africa 1856-1970: Documents on Modern African Political Rhought from Colonial Times to the Present*. Londres: Rex Collings, 1979, p. 343.

centralizado, um sistema de defesa e de segurança em esfera continental e a defesa e restabelecimento dos valores culturais africanos. Eram favoráveis a uma integração rápida, com forte unificação política, tal qual idealizado por Nkrumah. Trata-se do chamado "pan-africanismo maximalista", segundo alguns analistas. O Grupo de Monróvia era formado pelo Congo, Senegal, Costa do Marfim, República Centro-Africana, Etiópia, Mauritânia, Benim, Gabão, Níger, Alto Volta, Chade, Madagascar, Camarões, Libéria e Serra Leoa. Esse grupo era favorável a uma confederação mais maleável de Estados africanos, soberanos e independentes, potencializando uma participação e uma cooperação voluntárias no âmbito dos intercâmbios culturais e da interação econômica. E também particularmente inflexível quanto ao respeito pela soberania e à integridade territorial de cada Estado recém-independente, desconfiando das ambições de certos líderes do Grupo de Casablanca em querer fazer ingerências em seus assuntos internos de outros Estados. Pertenciam ao chamado "pan-africanismo minimalista", que tinham entre os principais defensores N. Azikiwe, da Nigéria, L. Senghor, do Senegal, e Félix Houphouët-Boigny, da Costa do Marfim.[20]

Independentemente de tais diferenças político-ideológicas e programáticas, a pauta comum de uma agenda africana continuou sendo felizmente o desejo da maioria. Uma primeira tentativa para tornar isso factível falhou em 1962, em Lagos (Nigéria).

Nesse momento as mulheres tomaram a liderança do processo. Várias delas eram ativas nos movimentos de independência à época e tinham construído redes de militância próprias de caráter pan-africanista, como a União das Mulheres de Guiné--Gana (1958) e a União das Mulheres da África Ocidental

---

20 S. K. B. Asante e David Chanaiwa, "O pan-africanismo e a integração regional". In: Ali A. Mazrui e Christophe Wondji (Orgs.), *A África desde 1935*. 2. ed. rev. Brasília: Unesco, 2010, p. 877.

(1959); assim como conferências de mulheres ocorridas no Quênia, por iniciativa da primeira-dama deste país, Margaret Kenyatta, entre 1961-1963. Nesses encontros se destacaram militantes como Jeanne Martin Cissé (Guiné), Funmilayo Ransome-Kuti (Nigéria), Aoua Keita (Mali) e as sul-africanas, que já participavam da luta antiapartheid, como Gertrude Shope, Adelaide Tambo e Winnie Madikizela-Mandela. A culminação desse processo ocorreu em 1963, com a formação da Conferência das Mulheres Africanas,[21] em Dar es Salaam (Tanzânia).[22]

Paralelamente, e talvez inspirados por esse exemplo pioneiro, com a hábil intermediação do ministro das Relações Exteriores da Etiópia, Ketema Yifru, constituiu-se uma nova mobilização para que ocorresse um encontro entre os chefes de Estado, visando a construção de uma organização continental africana. O resultado foi a formação da Organização da Unidade Africana (OUA) no encontro de Addis Abeba (Etiópia), em 1963.

Nesse momento, buscou-se construir uma nova agenda africana, apesar das disputas e conflitos reinantes. Sobretudo para além da divisão que se estava consolidando, entre grupos rivais de Monróvia e Casablanca. A forma encontrada para que isso ocorresse foi que ali não se discutisse a questão das fronteiras, que era um ponto nevrálgico da discórdia. Paradoxalmente, estabeleceu-se a "integralidade territorial" como um dos seus princípios da organização, sem se definir ou identificar precisamente do que se estava falando. Ao fazê-lo, é verdade, criou-se assim uma falsa unanimidade sobre o assunto, que será reafirmada na segunda reunião da OUA no Cairo, em 1964, e em documentos posteriores. Tal fato fez

---

21 Em 1974 o nome passou a ser "Organização Pan-Africana de Mulheres", ainda em atividade.　22 Unesco-Africa Departament, *African Woman, Pan--Africanism and African Renaissance*. Unesco: Paris, 2015, p. 87.

com que, gradativamente, por omissão (que também é uma ação), se congelassem as fronteiras coloniais, em nome da unidade possível das lideranças africanas de então.[23] Na prática, decretou-se o fim da utopia concreta do pan-africanismo radical, em prol da unidade africana. Ou seja, continentalista e de integração rápida, como queria Nkrumah.

Deve-se levar em consideração que eram muitas questões a ser resolvidas naquele momento histórico. Todos podiam perceber a necessidade de certa unidade africana tendo em vista a manutenção da soberania na era pós-colonial. Mas como e qual tipo de unidade? Regional ou continental? Isso deveria ser feito de forma gradativa ou rápida? Não eram questões fáceis de responder, muito menos de pôr em prática. Por outro lado, para falar também das vitórias do pan-africanismo, cabe lembrar de sua nobre luta contra o colonialismo na segunda metade do século XX. Algo que só poderia ter ocorrido com a luta comum da maioria dos países africanos e da OUA, em particular. Em suma, embora o pan-africanismo não tenha se realizado como ideologia de integração, ele saiu-se bem como ideologia de libertação — o que não foi pouco.[24]

Em suma, no campo das ideias, essas e outras tensões dentro da política africana foram debatidas longamente. E, nos anos 1960, acreditava-se que a política era a melhor forma de lidar com tais dilemas. Daí que a frase de Nkrumah — "Procurai primeiramente o reino político..." — ressoe como a sentença definitiva de toda uma geração de pensadores africanos. E uma das consequências desse enfoque foi a relevância do debate acerca do "socialismo africano".

---

23 Anatole Ayissi, "The Politics of Frozen State Borders in Postcolonial Africa". In: Lazare Ki-Zerbo e Michael B. Arrous (Orgs.), *Études Africaines de Géographie par le Bas. African Studies in Geography from Below*. Dakar: Codesria, 2009, p. 143. **24** E. Kodjo e D. Chanaiwa, op. cit.

O "socialismo africano"

O termo "socialismo africano" pode soar enganoso à primeira vista, pois dá um sentido de homogeneidade que não existiu historicamente. Talvez valesse a pena utilizar a expressão no plural, mas o mesmo subterfúgio poderia ser utilizado *ad infinitum* para qualquer fenômeno social. Seja como for, cabe ressaltar de antemão que o "socialismo africano" foi heterogêneo em sua forma e conteúdo. Isso tanto do ponto de vista discursivo, político-ideológico quanto no efetivo, em sua existência factual.[25]

Entretanto, desde a década de 1960 os analistas têm se esforçado para dar uma definição ampla o suficiente sobre o assunto, com o objetivo de compreendê-lo. Mesmo porque, ele foi muito utilizado à sua época, o que já é algo relevante para quem trabalha com ideias. Mais especificamente, o termo começou a ser empregado nos anos 1950, por líderes de destaque como Senghor e Nkrumah; e tornou-se recorrente nos anos 1960, em políticos como Nnamdi Azikiwe (Nigéria, 1904-1996), Obafemi Awolowo (Nigéria, 1909-1987), Mamadou Dia (Senegal, 1910-2009), Modibo Keïta (Mali, 1915-1977), Tom Mboya (Quênia, 1930-1969), Julius Nyerere (Tanzânia, 1922-1999), Kenneth Kaunda (Zâmbia, 1924) e Ahmed Sékou Touré (Guiné, 1922-1984). Nesse contexto e a partir desses personagens (com a inclusão ou exclusão de um ou outro autor) faz sentido falar de um "socialismo africano" como um corpo teórico mais coeso. Levando em conta tal cenário, será utilizada aqui a definição de Agbaje: "Uma tentativa de recapturar e modernizar o modo de vida comunitário praticado pelo africano

---

25 Vale dizer que tal fato já era notado na época. Fez-se inclusive um colóquio sobre o assunto na cidade de Dakar (Senegal), em 1962, que contou com a participação de dezenas de intelectuais e chefes de Estado africanos. Sobretudo da África francófona. Mas não se chegou ali a nenhuma definição consensual. Pelo contrário, havia interpretações francamente contraditórias.

tradicional antes da exposição ao mundo e aos valores do homem branco".[26]

Como definição inicial essa é suficientemente qualificada. Em primeiro lugar, porque retoma, não por acaso, o debate sobre a personalidade africana, exposta no capítulo anterior. Por outro lado, distingue o socialismo africano das tentativas de construir o socialismo na África, conforme defendido por militantes da descolonização e da revolução africana mais aproximados do marxismo, como Frantz Fanon, Amílcar Cabral, o Nkrumah "tardio",[27] e outros, como Félix-Roland Moumié (Camarões, 1926-1960), Samora Machel (Moçambique, 1933-1986), Agostinho Neto (Angola, 1922-1979), Thomas Sankara (Burkina Faso, 1949-1987). Ademais, traz certa unidade ao tema, permitindo delimitação e análise.

Vale dizer que, entre os autores citados como os principais integrantes desse socialismo africano, não havia uma ação coordenada do ponto de vista teórico-ideológico ou programático. O que os coloca como "participantes" do "grupo" é que todos partilhavam da crença de que era possível construir uma nova África, modernizando certas particularidades histórico-culturais dos povos africanos. Algo que lhes dava certo distanciamento das correntes ideológicas europeias mais relevantes da época: marxismo e liberalismo. Ou pelo menos lhes parecia dar uma possibilidade nesse sentido. O termo socialismo não nega tal fato, pois se tratava de construir um socialismo muito próprio, distante do modelo soviético dominante à época.

Quais seriam tais características propriamente africanas? O quadro é extenso, e costuma variar de autor para autor. Entretanto, alguns temas são recorrentes: coletivismo, humanismo,

---

26 Adigun Agbaje, *African Traditional Political Thought and Institutions.* Ibadan: Department of Adult Education of University of Ibadan University Press, 1991.   **27** Depois do golpe de Estado sofrido em Gana, Nkrumah passou a defender o "socialismo científico".

papel dos laços familiares e de parentesco, sociabilidade, caráter democrático do governo e do Estado.

Dentro do campo do socialismo africano pode-se observar apontamentos nesse sentido mesmo entre adversários político-ideológicos e pessoais, como os já citados Nkrumah e Senghor. Em *Sobre o socialismo africano* (1963), por exemplo, Senghor dizia que a África "tradicional" possuiria relações comunais e de sociabilidades que poderiam ser reabilitadas para a construção de uma sociedade africana nova e original. Entre as características dessa "tradição", ele destacava o senso comunitário, o humanismo e o espírito igualitário. Isso porque tais atributos teriam encaminhado a vida social africana para a via coletivista, mais marcada pela complementaridade do que pela contradição, que seria algo próprio da história europeia.[28] Sendo assim, dizia o líder senegalense, não haveria razão para as sociedades do continente percorrerem o caminho capitalista europeu-ocidental para depois chegar ao socialismo. Seria possível passar direto à construção de um socialismo local, sem a potencialização da luta de classes.[29]

Pois bem, comparemos essa argumentação com o que diz Nkrumah, em *Consciencism* [Consciencionismo] (1964):

---

28 Asli Berktay, "Negritude and African Socialism: Rhetorical Devices for Overcoming Social Divides". *Journal Third Text*, v. 24, 2010.   **29** No campo marxista, tais debates sobre possíveis transições alternativas ao socialismo remontam à década de 1880, quando Marx e Engels discutiram o assunto com os "populistas russos". Estes, com justificativas muito próximas às dos defensores do "socialismo africano" que citei, também pretendiam caminhar diretamente para o socialismo, sem ter que passar pela via capitalista. Num primeiro momento, Marx mostrou-se cético quanto a tal possibilidade. Posteriormente, passou a vê-la mais positivamente, ainda que de forma crítica. Sobre o assunto, entre outros, ver o recente estudo de Jean Tible, *Marx selvagem*. São Paulo: Autonomia Literária, 2017.

A face tradicional da África inclui uma atitude em relação ao Homem que só pode ser qualificada, em sua manifestação social, como sendo socialista. Ela surge do fato de que o Homem, na África, é considerado primeiramente como um ser espiritual, um ser dotado originalmente de uma certa dignidade intrínseca, integridade e valor. Isso é bem diferente da ideia cristã do pecado original e degradação do Homem.

Essa ideia de valor original do Homem impõe tarefas de tipo socialista sobre nós. Aí estão as bases teoréticas do comunalismo africano. E essa base teorética se expressa no nível social em termos de instituições como o clã, destacando a igualdade inicial de todos e a responsabilidade de todos para com cada um. Nessa situação social, é impossível que surgissem classes no sentido marxista do termo.[30]

É praticamente o mesmo argumento. Ou seja, para ambos, a história africana, "tradicional", não seria marcada pela distinção de classes, como teria ocorrido na história europeia. Pelo contrário, ela seria centrada num coletivismo próprio, comunalista, que teria produzido valores culturais específicos. O que poderia possibilitar um futuro diferente para a África, socialista ao seu modo.

Essa convergência não quer dizer que, à época, Senghor e Nkrumah tivessem as mesmas posições ideológicas; ou tirassem, dessa teoria, as mesmas conclusões políticas. Longe disso. Em 1963, Senghor buscava complementar tal percepção do socialismo africano com uma visão reformada da negritude, envolvendo miscigenação e globalidade, que clamava pelo apoio da antiga metrópole (França). Enquanto isso, Nkrumah havia se tornado o principal articulador de uma política comum

---

30 Kwame Nkrumah, *Consciencism*. Nova York: Monthly Review Press, 1974, pp. 68-9.

africana contra o neocolonialismo, como se viu há pouco. Mas tal fato — a convergência — mostra a força do pensamento africano do período. Ambos partiam do mesmo princípio.

Entre os anos 1960 e 1970, essa mesma base teórica deu origem a diferentes doutrinas políticas de líderes e elites que se apoderaram do Estado na era pós-colonial africana. No geral, tratava-se de uma perspectiva que intencionava legitimar uma visão unitária e, por vezes, personalista do poder político.[31] E é verdade que muitos regimes que professavam o socialismo africano tenderam a reproduzir uma boa dose de autoritarismo. Sobretudo entre os defensores da "autenticidade", que transformaram tal ideia numa doutrina reacionária, fundamentalista e neocolonial, nas mãos de Mobutu Sese Seko (1930-1997) no antigo Zaire, e seus seguidores na Guiné Equatorial, Gabão e Togo dos anos 1970.[32]

Todavia, é preciso ver esse fato de forma não anacrônica. Em primeiro lugar, porque existia uma tendência ao autoritarismo em todo o Terceiro Mundo nas décadas de 1960 e 1970, em decorrência do acirramento da Guerra Fria. Por outro lado, na África pós-colonial, esse fenômeno autoritário correspondia ao esforço de construção acelerada do Estado-nação e do desenvolvimento econômico. Algo que explica por que se tendia mais à homogeneização social do que à diversidade (regional, étnica, de gênero, de classe, linguística, racial, cultural). E, nesse aspecto, a experiência africana é próxima à de outras regiões do mundo que também enfrentaram tal desafio.

Ademais, deve-se atentar para as diferenças observáveis nos regimes derivados dessa herança teórica. Do contrário, recai--se na esparrela de acreditar que "tudo era a mesma coisa";

---

31 Peter Worsley, *El tercer mundo: una nueva fuerza vital en los asuntos internacionales*. Cidade do México: Siglo Veintiuno, 1966. **32** Georges Nzongola--Ntalaja, "The authenticity of Neocolonialism: Ideology and Class Struggle in Zaire". *Berkeley Journal of Sociology*, v. 22, pp. 115-30, 1977-78.

típico dos comentários generalizantes e racistas sobre a África. Por exemplo, o governo de Julius Nyerere, na Tanzânia (1962-1985), não pode ser considerado um fenômeno autoritário para os padrões da época. Fato que foi geralmente admitido mesmo pelos seus adversários. E aqui se trata de um caso importante porque Nyerere foi um dos líderes que mais se empenharam pela construção de uma teoria e de uma doutrina política para o socialismo africano. Algo que o tornou uma figura paradigmática do pensamento africano, tal qual Blyden, Diop, Senghor, Nkrumah e outros.

Julius Kambarage Nyerere (1922-1999) nasceu na antiga Tanganica (parte da atual Tanzânia), protetorado britânico. Foi educado em círculos católicos e teve acesso tardio à escola, com doze anos. Vale dizer que menos de cinco por cento dos moradores da colônia o faziam na época. Tornou-se professor, e passou a ser chamado de *Mwalimu* ("professor", em Kiswahili), um título que carregaria com orgulho por toda a vida. Em fins da década de 1940, ganhou uma bolsa e foi estudar em Edimburgo (Escócia), tonando-se o primeiro tanzaniano a ter um diploma universitário. Dizia-se influenciado pelo "socialismo fabianista" nesse período.[33]

Retornou então a Tanganica, onde trabalhou como professor e ajudou na construção da União Nacional Africana da Tanganica (em inglês, TANU), em 1954. A organização cresceu rapidamente e, em 1957, já possuía cerca de duzentos mil correligionários. Sua bandeira primordial era a melhoria das

---

33 O socialismo fabianista nasceu na Inglaterra em fins do século XIX. Acreditava na possibilidade de uma transição gradual ao socialismo, sem a necessidade da luta de classes. Seus formuladores foram intelectuais ingleses como George B. Shaw, Graham Wallas, Sidney e Beatrice Webb e Harold Laski. Eles defenderam métodos coletivos de organização e forte intervenção estatal, como caminhos racionais que garantiriam tal transição pacífica. Ver: <www.britannica.com/event/Fabianism>.

condições de vida dos trabalhadores e da população em geral. Sob pressão popular, as autoridades britânicas aceitaram estabelecer eleições livres, que foram ganhas pela TANU. A partir daí se iniciaram as tratativas para a independência nacional, finalmente conquistada em 1961. Nyerere tornou-se o primeiro-ministro e, posteriormente, presidente. A TANU passou a ser o partido único nacional, mas garantiam-se a formação de grupos internos de oposição e a liberdade de expressão. Em 1964, a Tanganica uniu-se a Zanzibar, formando a Tanzânia.

Defensor do pan-africanismo, Nyerere trabalhou pela construção da Organização da Unidade Africana (1963) e pela unidade regional dos Estados da África Oriental. Acreditava que uma nação África — continental — poderia ser construída gradualmente, a partir de tais comunidades regionais. Era próximo a Nkrumah, mas achava tal proposta gradualista mais realista do que a do líder ganense. Tornou-se um apoiador inconteste dos grupos que lutavam pela libertação nacional em outros países da África; em particular, África do Sul, Moçambique, Angola, Rodésia do Sul (futuro Zimbábue) e Namíbia. Teve também uma trajetória internacional como defensor do pan-africanismo, do terceiro-mundismo, do não alinhamento e, finalmente, do Sul global, já nos anos 1980 e 1990. Em 1967, fez a Declaração de Arusha, que defendia a construção do socialismo africano a partir do mundo rural, já que a maioria da população vivia no campo. Foi um dos presidentes africanos de maior respeitabilidade internacional, tendo se retirado voluntariamente do poder em 1985.

Por seus sucessos, a Tanzânia de Nyerere contou com o apoio crescente da sociedade civil e de governos de várias partes da África e de fora do continente durante as décadas de 1960 e 1970. Lá ocorreram eventos importantes, como o Congresso dos Povos Africanos (1970) e o VI Congresso Pan-Africano (1973). Ali prosperou também a Organização Pan-Africana de Mulheres (1962). A capital do país, Dar es Salaam, tornou-se então uma meca da intelectualidade e da militância de esquerda e pan-africanista; e por lá passaram figuras icônicas, como Martin Luther King, Eduardo Mondlane, Malcom X, Nasser, Che Guevara, K. Nkrumah e o General Vo Nguyen Giap, do Vietnã. Em torno da Universidade Dar es Salaam compôs-se uma rede internacional de intelectuais progressistas de renome que por lá passaram, como Terence Ranger, Walter Rodney, Angela Davis, Jesse Jackson, Norman Girvan, Aquino de Bragança, C. L. R. James, Stokely Carmichael (Kwame Ture), Andre Gunder Frank, Immanuel Wallerstein, Claude Ake, John Iliffe, Mahmood Mamdani, Harry Goulbourne, John Saul, Jacques Depelchin, Justin Rweyemamu, Samir Amin, Issa Shivji, Dan Nabudere, Milton Santos, Paulo Freire, Giovanni Arrighi e outros.[34]

Nyerere foi tanto um homem político quanto um intelectual. Aliás, um dos mais relevantes da África no século XX, por ter criado uma teoria social completa e coerente para o socialismo africano. Tal ia da teoria à prática social, passando por diversos âmbitos: educacional, filosófico, econômico, cultural, político e social. A originalidade de sua contribuição ao pensamento africano pode ser observada nos seus escritos das décadas de 1960 e 1970, como *Liberdade e socialismo* (1967), *Liberdade e desenvolvimento* (1974) e *Ujamaa, ensaios sobre o socialismo* (1977). O cerne está na sua caracterização do conceito de *self-reliance*. Talvez não haja uma tradução perfeita do termo para o português. Costuma-se traduzi-lo por autossuficiência. Mas não é exatamente isso. Outras traduções possíveis são regeneração, autossustentação ou mesmo autonomia. Todavia, não existe nenhum dos dois sem autoconfiança, que é algo abarcado pela palavra original. Ou seja, quando aqui se utilizar

---

34 Em parte: Eduardo Devés-Valdés, op. cit., 2008, p. 176.

o termo em inglês estamos nos referimos a algo que abrange os quatro sentidos mencionados: autossuficiência, autonomia, regeneração e autoconfiança.

Sumariamente pode-se dizer que *self-reliance* é o ato de existir a partir das próprias forças e recursos. Quando Nyerere adotou tal terminologia, nos anos 1960, existiam três tradições intelectuais mais conhecidas que já o faziam, e tiveram certa influência na trajetória do líder tanzaniano. Em primeiro lugar, o ativismo negro estadunidense, especialmente aquele advindo do educador e político Booker T. Washington (1856-1915), para quem a educação técnica e a autoconfiança seriam os elementos centrais para a regeneração da população negra. Em segundo, a vertente nacionalista indiana, em particular, desde Mohandas "Mahatma" Gandhi (1869-1948), que apostava nos caminhos próprios de sua civilização em contraposição à do Ocidente. Por fim, o pensamento e a ação política de Mao Zedong — ou Mao Tsé-Tung — (1893-1976), ainda vivo e ativo na época do líder tanzaniano. Sobretudo em relação à sua ideia de que, em última instância, tudo dependia da vivência e da ação das massas: a linha de massas.

A Declaração de Arusha (1967) trouxe o conceito de *self-reliance* para o primeiro plano da política internacional, pois era a essência do socialismo africano que se estava ali proclamado. Desde então, para Nyerere a Tanzânia buscaria regenerar-se a partir de si própria, com autoconfiança em seu povo e a partir de suas forças e recursos internos, tendo em conta sua história e valores. Para ele, tal empreitada passava pela reconstrução da *Ujamaa* ("casa familiar" ou "irmandade", em kiswahili), como eixo da vida social no campo. Sinteticamente, tratava-se de um projeto que pretendia consolidar a vida comunitária e coletivista nas aldeias, em vez de buscar o caminho urbano-industrial ocidental. No entanto, não se tratava apenas de retomar o que antes existia, sobretudo advindo da tradição local kikuyu.[35] Nyerere quis aprofundar o conteúdo democrático, produtivo e "socialista" da *Ujamaa*. Daí sua ênfase na educação.[36] Afinal, para ele, esse seria o meio pelo qual os camponeses, homens e mulheres, jovens e adultos, ganhariam *self-reliance* em relação aos líderes de suas coletividades — em sua maioria gerontocráticas e patriarcais — e em relação aos administradores políticos dessas coletividades, integrantes ou ligados à TANU — o partido governamental. Em suma, as intenções eram as melhores e altissonantes. E não por acaso, C. L. R. James, o grande historiador da Revolução do Haiti, classificou a Declaração de Arusha como "o mais alto estágio de resistência jamais alcançado por revoltosos negros na história mundial".[37]

Nos anos 1970, Nyerere retomou por diversas vezes o *self-reliance* tendo em conta a experiência local. Propositadamente, levando em consideração as descolonizações negociadas pelo neocolonialismo, preferia falar em Libertação. Dizia então que a verdadeira libertação nacional não deveria ser entendida como uma ruptura abrupta, mas como um processo histórico gradual, relativo e não linear. Esse se estenderia tanto ao âmbito político (independência) quanto

---

35 Viktoria Stöger-Eising, "'Ujamaa' Revisited: Indigenous and European Influences in Nyerere's Social and Political Thought". *Africa: Journal of the International African Institute*, v. 70, n. 1, pp. 118-43, 2000. **36** O historiador e filósofo Eduardo Devés-Valdés (op. cit., 2008, p. 135; 2014, p. 495) fala de um possível diálogo e coinfluência de Nyerere com o educador brasileiro Paulo Freire, que esteve na Tanzânia entre 1970 e 1971. Em particular, tendo em conta a ênfase que ambos davam ao caráter libertador da educação. Mas a hipótese ainda precisa ser confirmada mais detalhadamente. A relação próxima nesse sentido, mais conhecida, é entre Freire e o líder guineense Amílcar Cabral. Ver, entre outros, José E. Romão e Moacir Gadotti (2012) e Amilcar Araujo Pereira e Paolo Vittoria (2012). **37** C. L. R. James apud Issa G. Shivji, *Nyerere's Nationalist Legacy*, 2009. Disponível em: <https://www.juliusnyerere.org>. Acesso em: 28 jun. 2020.

ao econômico (descolonização econômica), ao social (contra a pobreza e a miséria) e ao cultural (descolonização mental contra o racismo e o eurocentrismo). Ademais, deveria invocar também uma luta interna, a favor do trabalho e da educação de todos, e contra a exploração e a opressão de uns contra outros. Para ele, o objetivo final seria garantir a cada indivíduo a quantidade de liberdade e dignidade suficiente para uma existência plena e decente, para que ele possa se autodesenvolver sem obstaculizar igual potencialidade para os outros. Vale citar o próprio autor:

> Nosso erro não estava em nossa demanda por liberdade; foi na suposição de que a liberdade — liberdade real — se seguiria, necessariamente e sem problemas, da libertação da administração externa.
>
> Libertar significa libertar-se; libertar-se de algo que inibe nossa ação ou pensamento. Libertação, portanto, não é algo absoluto, mas uma condição relativa. É relativo em comparação a uma experiência anterior, de condições externas, e também do que poderia ser. Um homem algemado pode libertar seus braços do cativeiro, enquanto suas pernas ainda estão amarradas; ele pode alcançar a liberdade física, enquanto ainda não está mentalmente livre.
>
> Libertação é um processo histórico. Não é uma ação única que pode ser completada e ter essa conclusão celebrada anualmente. E para a África a libertação tem muitos aspectos ou estágios: em primeiro lugar, a liberdade do colonialismo e do governo de minoria racista; em segundo lugar, a liberdade da dominação econômica externa; em terceiro lugar, a liberdade da pobreza, da injustiça e da opressão imposta aos africanos pelos africanos. E a quarta é a liberdade mental — o fim da subjugação mental que faz com que os africanos encarem os outros povos

ou outras nações como inerentemente superiores, e a suas experiências como sendo automaticamente transferíveis para as necessidades e aspirações da África.[38]

Não é nossa intenção aqui entrar no debate sobre as avaliações posteriores e de época a respeito da experiência tanzaniana. Sobre isso há farta bibliografia internacional. Além do que retornaremos ao tema quando debatermos a questão do desenvolvimento na África, no próximo capítulo. No entanto, cabe destacar uma reflexão no campo das ideias que remonta ao debate sobre a viabilidade do socialismo africano.

Já na década de 1970, logo após a Declaração de Arusha, começaram a surgir os apoiadores e os críticos à ideia do socialismo africano que ali se pretendia construir. É um dos debates intelectuais mais interessantes do pensamento africano, incluindo personalidades de dentro e fora do continente. Muitas delas, como dito, visitantes da Universidade de Dar es Salaam naquele momento histórico. Algo que tende a demonstrar o caráter democrático do governo tanzaniano. Sobretudo se comparado à maioria dos governos africanos na década de 1970, que estavam embarcando numa onda crescente de anti-intelectualismo.[39]

No campo da esquerda e do pan-africanismo, que eram os mais inteirados da realidade tanzaniana, o âmago da querela se referia ao caráter "socialista" do que estava ali ocorrendo. Afinal, que tipo de socialismo seria o socialismo africano de Nyerere? Alguns defendiam tal característica tendo em conta sua especificidade. E, em última instância, a especificidade de todo socialismo. Outros podiam até admitir a

---

38 Julius Nyerere, "The Process of Liberation" [1976]. In: Harry Goulbourne (Org.), *Politics and State in the Third World*. Hong Kong: The Macmillian Press, 1979, p. 249.　**39** Mahmood Mamdani e Mamadou Diouf (Orgs.), 1995; Toyin Falola, 2001; Ali Mazrui, 2003.

relevância dessa experiência de transformação social, mas negavam seu conteúdo revolucionário ou mesmo socialista à medida que ali não teria sido colocado adequadamente o problema das classes sociais e da luta de classes. Neste último caso, os intelectuais aproximados do marxismo eram os mais enfáticos.

Entrementes, esse debate só pode ser adequadamente compreendido tendo em conta a tradição marxista africana de então, que já vinha refletindo sobre a trajetória pós-colonial africana desde o início da década de 1960. E por isso aqui se retoma sua herança, que inclui autores de renome como Franz Fanon, Amílcar Cabral e o Nkrumah tardio, antes de voltarmos ao debate particular sobre Nyerere e o caso tanzaniano.

O marxismo africano

O marxismo africano é também uma corrente ampla de pensamento. Interessam aqui especialmente suas contribuições originais ao pensamento marxista; e como tal tradição dialogou com o pensamento africano mais amplo, entre as décadas de 1950 e 1970. Como visto anteriormente, o marxismo teve uma forte influência em certos líderes pan-africanistas do entreguerras, como George Padmore, C. L. R. James, Claude McKay e no W. E. B. Du Bois tardio. Nos Estados Unidos, em particular, na década de 1920, havia grupos marxistas negros que buscaram criar uma práxis própria, como o African Blood Brotherhood (1919-1924), liderada por Cyril V. Briggs (1888-1966).

À época, vários militantes e ativistas negros, africanos e da diáspora foram integrantes dos cursos de formação marxista na URSS, como Kouyaté, Padmore, McKay e Kenyatta. No início da década de 1920, Lênin havia conseguido transformar as lutas de libertação nacional em questão primordial da Internacional Comunista. Aliás, uma consequência direta do seu exame da questão imperialista, conforme exposto em *Imperialismo, fase superior do capitalismo* (1917). Nesse período, a URSS era vista com admiração e apoiava de forma prática a organização inicial dos movimentos de libertação, como na formação da Liga Contra o Imperialismo e pela Independência Nacional (1927), em Bruxelas. Ademais, para muitos líderes africanos, a URSS era tida como o modelo de um Estado multinacional federalizado como aquele que se sonhava construir na África. Era a percepção, por exemplo, de Padmore, como se pode observar no seu livro: *How Russia Transformed her Colonial Empire: A Challenge to the Imperialist Powers* [Como a Rússia transformou seu império colonial: um desafio para as potências imperialistas] (1946). Por fim, vale lembrar que, no início da década de 1920, a Internacional Comunista pretendia efetivamente incluir a questão racial nos partidos comunistas de sociedades multirraciais (Brasil, África do Sul e Estados Unidos), impulsionando a tese de que tal questão poderia se enquadrar no direito à autodeterminação dos povos. Uma tese comumente negada dentro de tais partidos.

Além da política comunista, a tradição intelectual marxista era estudada pelos intelectuais africanos no entreguerras, inclusive pelos promotores da Negritude. Tratava-se de uma aproximação tanto no nível teórico quanto político, tendo em conta as relações desse grupo com a esquerda francesa no pós-guerra; em particular, o Partido Comunista Francês (PCF). É verdade que a tradição anglófona africana, de modo geral, esteve mais aproximada do marxismo do que a francófona, de onde se originou a Negritude. Mas tal diferença não era algo que se pudesse resumir só à questão linguística ou cultural. Era sobretudo política, que se explica pela forte repressão sofrida pelos agrupamentos políticos da África francófona entre fins da década de 1940 e início de 1950. Algo que marcou especialmente a trajetória do RDA,[40] que mantinha relações próximas com o PCF. Nesse momento histórico, vários ativistas africanos foram perseguidos, torturados e presos. E, por conta disto, muitos deles resolveram se distanciar da política comunista, como o fizeram Lamine Senghor (Senegal) e Félix Houphouët-Boigny (Costa do Marfim).

Seja como for, a presença intelectual do marxismo é inegável no pensamento africano da década de 1950. Em particular, em seu conteúdo materialista e dialético, como demonstrou o filósofo Benoît Okolo Okonda.[41] Mas sempre de forma inovadora e crítica, buscando — como diria Césaire —,[42] transformar o marxismo e o comunismo em algo útil à luta negra — e não o contrário. Um diálogo constante com o pensamento e a práxis dos pan-africanistas e dos nacionalistas africanos, como Cheikh Anta Diop, Ki-Zerbo, Nkrumah e outros. No entanto, não resta dúvida de que, ao falar em marxismo africano, cabe destacar a contribuição inovadora de três autores: Frantz Fanon, Nkrumah (tardio) e Amílcar Cabral.

Frantz Omar Fanon (1925-1961) nasceu na Martinica, então colônia francesa. Em 1944 se voluntariou para lutar contra o nazifascismo. Após o fim da guerra, em 1948, chegou a Lyon,

---

40 A Assembleia Democrática Africana (Rassemblement Démocratique Africain, RDA) foi o mais significativo movimento nacionalista na África Ocidental francófona no pós-Segunda Guerra. Formou-se em 1948 e sobreviveu até 1958. Em algumas regiões, como Senegal e Costa do Marfim, existiu ainda antes dos partidos locais. Tinha caráter interterritorial e cunho ideológico essencialmente de esquerda, aproximado ao socialismo democrático. De início buscou se institucionalizar como um partido. Mas, após a repressão citada, decidiu-se que se manteria como uma confederação de partidos (Thomas Hodgkin, *African Political Parties*. Londres: Penguin Books, 1961, pp. 45-55). Sem dúvida, já era uma demonstração poderosa do neocolonialismo francês, ainda antes das descolonizações.   41 Benoît O. Okonda, *Hegel et l'Afrique, thèses, critiques et dépassements*. Argenteuil: Le Cercle Hermeneutique Editeur, 2010.
42 Aimé Césaire, "Letter to Maurice Thorez", op. cit., p. 150.

na França, para estudar psiquiatria. Lá, desenvolveu também interesse pela literatura e filosofia existencialista. Aproximou- -se de grupos universitários de estudantes africanos e caribenhos, inclusive os fundadores da Negritude. Entre 1953 e 1956, foi diretor do Departamento de Psiquiatria no Hospital de Blida-Joinville, na Argélia, onde viveu o nascimento da guerra anticolonialista. Em 1956, demitiu-se do cargo e integrou-se formalmente na Frente de Libertação Nacional argelina (FLN). Tornou-se então membro ativo da organização até sua morte prematura por leucemia aos 36 anos, em 1961.[43]

Pode-se observar o diálogo de Fanon com o marxismo a partir de duas questões básicas: a) a importância da raça e do racismo na reprodução do capitalismo e da configuração colonialista — ou da "colonialidade" — entre os povos; b) análise de classes e da luta de classes das sociedades africanas. Costuma-se colocar uma terceira questão que é o debate de Fanon sobre a violência.[44] Mas aqui se entende que tal questão é um corolário da primeira.

O primeiro tema citado — da importância da raça e do racismo na reprodução do capitalismo e da configuração colonialista entre os povos — é tratado por toda sua obra. Aliás,

---

43 Durante as décadas de 1960-1970, Fanon ficou conhecido como um autor anticolonialista, por sua referida adesão à FLN e a publicação do livro *Os condenados da Terra*. Uma imagem que ficou cristalizada no belo prefácio de Jean-Paul Sartre ao referido livro. Poucos o viam naquele momento como um teórico que tivesse potencial para tornar-se um clássico do pensamento social do século XX. Isso mudou desde então. Hoje, a trajetória e o pensamento de Frantz Fanon se transformaram em um objeto de estudo multidisciplinar. E não se trata apenas de trabalho acadêmico, pois suas ideias continuam vivas também nos movimentos sociais e políticos nos Estados Unidos, Itália, França, Palestina, Caribe, Brasil e África do Sul. Esse amplo movimento de leituras e releituras de Fanon é bastante complexo e não será aqui detalhado. Para uma visão qualificada do autor, em português, ver: Deivison Mendes Faustino, *Frantz Fanon: Um revolucionário particularmente negro*. São Paulo: Ciclo Contínuo, 2018.
44 Immanuel Wallerstein, "Ler Fanon no século". *Revista Crítica de Ciências Sociais*, v. 82, setembro, pp. 3-12, 2008.

uma das grandes novidades do seu primeiro livro, *Pele negra, máscaras brancas* (1951), foi justamente este ponto: ver o racismo não como algo específico de certas sociedades (Estados Unidos, África do Sul), mas como um processo de racialização sistêmico, que prenderia tanto negros quanto brancos em uma lógica racial binária e maniqueísta. Ou seja, o autor queria demonstrar que se tratava de um fenômeno estrutural, relacionado ao nascimento e consolidação do capitalismo, permitindo a naturalização da suposta inferioridade de uns (negros) em relação a outros (brancos). Avançando em sua análise, Fanon tirou desse fato uma premissa filosófica. Em sua posição de pretensa superioridade, o branco não precisaria do reconhecimento alheio para a formulação do seu Eu. O negro, para ele, não é exatamente um ser inferior. É um não Ser.[45] Por outro lado, o negro não poderia se realizar completamente sem o reconhecimento desse Outro. Ou seja, para Fanon, o racismo negaria a dialética do Eu e do Outro, que seria base da vida ética. E a consequência lógica é que contra a vítima do racismo todo processo de desumanização a partir de então se tornaria aceitável.[46]

O tema é retomado no ensaio "Racismo e cultura", escrito pelo autor para o I Congresso dos Escritores e Artistas Negros, em Paris. Ali, Fanon retoma a ideia de que o racismo deve ser entendido desde uma abordagem sistêmica e histórica. Nas palavras do autor, ele é parte integrante de uma condição de "hierarquização sistemática, perseguida de maneira implacável", visando um trabalho de "escravização econômica" ou "mesmo biológica" de um grupo populacional sobre outro. Disse ele que "o racismo é um elemento de um conjunto mais vasto: a opressão sistematizada de um povo". Não é um todo, "mas o elemento mais visível [...] e mais grosseiro de

---

45 Frantz Fanon, op. cit., p. 26. **46** Lewis Gordon, "Prefácio". In: Frantz Fanon, op. cit., p. 16.

uma estrutura dada". É a "norma" dessa sociedade e dessa cultura, que busca inferiorizar e desumanizar povos subalternizados por outros, conquistadores.[47]

O racismo estrutural não era característico apenas das sociedades coloniais, mas um fenômeno de qualquer sociedade racista, pois não haveria graus de racismo. Ele seria a parte essencial de um processo de dominação entre povos conquistadores e conquistados que nasceria com o colonialismo, mas não morreria com ele. Algo que o autor vai caracterizar, posteriormente, como uma "configuração colonialista" ou o "todo colonialista".[48] Dizia Fanon que a violência — tão comum nas sociedades colonizadas ou racistas —, seja no sentido de autoperpetuação das vítimas, seja contra o colonizador — racista —, seria uma consequência psíquica não consciente desse processo de desumanização sistêmico. Para Fanon, seria algo inevitável. E, portanto, seria necessário guiá-la para um propósito construtor: a revolução descolonizadora.

Também em relação à análise de classes, Fanon foi relevante. As questões primordiais se encontram no célebre *Os condenados da Terra* (1961). O livro buscava refletir sobre os dilemas das descolonizações africanas, em um momento crucial da história política do continente. Isso porque, após décadas de luta anticolonial, os movimentos de libertação caminhavam para alcançar seu objetivo: as independências nacionais. Entretanto, nesse mesmo momento se iniciavam negociações entre as metrópoles — especialmente Inglaterra e França — e as elites dos movimentos nacionais africanos para controlar o processo de

---

47 Frantz Fanon, "Racismo e cultura". In: Manuela R. Sanches (Org.), op. cit., pp. 275-81. **48** Id., *Toward the African Revolution*. Nova York: Grove Press, 1964; Muryatan S. Barbosa, "A atualidade de Frantz Fanon: Acerca da configuração colonialista". In: Silvio de A. C. Filho e Washington S. Nascimento (Orgs.), *Intelectuais das Áfricas*. Rio de Janeiro: Pontes, 2018.

libertação, que se tornava inevitável.[49] Como revolucionário que era, formado na luta anticolonialista argelina, Fanon não admitia compromissos com as antigas metrópoles. Para ele, existiam as falsas descolonizações, negociadas com as antigas metrópoles, e as verdadeiras descolonizações, conquistadas pela luta popular. *Os condenados da Terra* foi escrito e editado tendo em vista essa luta político-ideológica. Era preciso esclarecer para a esquerda internacional e para as elites africanas (sobretudo as que se recusavam a apoiar a causa argelina) que a luta armada ali não era uma escolha entre outras. Ela era a única possível.

Nesse contexto, fazia-se necessário uma correta compreensão da questão de classe. Por aí passaria a "nacionalização do marxismo" que Fanon pretendia, tal qual os chineses e vietnamitas estavam fazendo à época: formando um marxismo enquanto "análise concreta da situação concreta", como queria Lênin.[50] Sucintamente, Fanon acreditava que a revolução argelina não passaria pelos proletários, mas pela ação revolucionária dos camponeses e do lumpemproletariado. Segundo ele, esses seriam os únicos que de fato, naquele momento histórico, não tinham nada a perder a não ser os seus grilhões: os condenados da Terra. Entretanto, para que isso ocorresse, dizia o autor, seria necessário que parte da pequena burguesia formasse uma vanguarda — um partido nacionalista, revolucionário — que se comprometesse com a luta pela descolonização.

---

49 Essas negociações, muitas vezes secretas, é que perturbavam líderes revolucionários da luta anticolonialista, como Fanon e muitos outros na época. Ademais, nos casos em que havia grandes interesses materiais nas colônias ou que as populações brancas eram numerosas, tal abertura não existia. E, nesse momento, a luta armada era a única saída em tais colônias, como no caso da África lusófona, Argélia, Rodésia, África do Sul e outros. Por outro lado, vale lembrar que a França "concedeu" as independências nacionais de dezesseis países da África Ocidental em 1960.   **50** Id., "O TEN e a negritude francófona no Brasil". *Revista Brasileira de Ciências Sociais*, v. 28, n. 81, pp. 171-84, 2013.

É certo que Fanon estava consciente do quanto isso seria difícil. Dizia, inclusive, que a tendência mais forte não seria essa, mas a de aburguesamento dessa camada social. Ou seja, a formação de uma nova elite burguesa, subdesenvolvida, neocolonial, sem capacidade ou desejo de construir uma nação soberana e socialista, tal qual ocorreu na América Latina. Nas palavras do autor:

> No seu aspecto decadente, a burguesia nacional (no período pós-independente) será consideravelmente ajudada pelas burguesias ocidentais, que se apresentam como turistas amantes do exotismo, de caça, de cassinos. A burguesia nacional organiza centros de férias e de repouso, temporadas de prazer para a burguesia ocidental. Essa atividade tomará o nome de turismo e será assimilada a uma indústria nacional. Se quisermos uma prova dessa eventual transformação dos elementos da burguesia ex-colonizada em organizadores de festas para a burguesia ocidental, vale a pena evocar o que aconteceu com a América Latina. Os cassinos de Havana, do México, as praias do Rio, as meninas brasileiras, as meninas mexicanas, as mestiças de treze anos, Acapulco, Copacabana são estigmas dessa depravação da burguesia nacional. Porque não tem ideias, porque está encerrada em si mesma, separada do povo, minada por sua incapacidade congênita para pensar no conjunto dos problemas em função da totalidade da nação, a burguesia nacional assumirá o papel de gerente de empresas do Ocidente e praticamente converterá seu país em lupanar da Europa.[51]

O problema das classes e da luta de classes na África tornou-se central também no pensamento de Nkrumah após 1966. Ou seja, após o golpe de Estado por ele sofrido em Gana. Esse fato

---

51 Frantz Fanon, *Os condenados da Terra*. Juiz de Fora: Editora UFJF, 2005, p. 182.

foi um ponto de ruptura em seu pensamento e trajetória. Até então, o líder ganense acreditava na possibilidade de tornar seu pan-africanismo maximalista à ideologia política da descolonização ganense e quiçá africana. Algo que não ocorreu devido às tensões e desuniões entre os líderes africanos dos fins da década de 1950 ao início dos anos 1960. O que teria ocorrido com o continente se sua proposta de uma África unida e federalizada tivesse vencido? Nunca se saberá a resposta. Independentemente disso, em 1966, tal utopia concreta estava enterrada. E, apesar dos esforços em construir a Organização da Unidade Africana, os países africanos entraram na era pós-colonial fracos e desunidos, como temia Nkrumah.[52] No caso

52 Aproveitando-se dessa oportunidade histórica, o neocolonialismo se consolidou na África dos anos 1960. E uma das suas faces mais funcionais foram as táticas de *regime change* e de assassinatos políticos. Num momento inicial, o mais célebre foi a deposição e assassinato de Patrice Lumumba no Congo, em 1960. Mas as duas táticas continuaram sendo usadas em dezenas de outros casos na África, como os de Nkrumah (1966) e Modibo Keita (1968) — ver William Blum, *Killing Hope: U.S. Military and CIA Interventions Since World War II*. Londres: Zed Books, 2003. Concomitantemente, temos a repressão e o assassinato dos líderes do Movimento dos Direitos Civis nos Estados Unidos, como nos casos de Malcom X, Martin Luther King e os membros dos Panteras Negras. Não há aí coincidência, como disse Carlos Moore (2010). De um modo mais geral, foi uma época de contrarrevolução mundial em todo o Sul global, pela qual os Estados Unidos pretendiam reestabelecer sua hegemonia internacional, com o apoio da Otan. Daí seu apoio ao colonialismo na África lusófona, a omissão quanto ao apartheid na África do Sul, o apoio militar e econômico à política de Israel no Oriente Médio e, por fim, a assistência e encorajamento às ditaduras militares de viés direitista na América Latina, África e Sudoeste Asiático. Tal política já estava em curso durante a presidência de John Kennedy, mas acelerou-se depois do seu assassinato, em 1963. Diante desse quadro, houve uma radicalização dos grupos nacionalistas no Sul global, aproximando-se teórica e politicamente das organizações e governos comunistas na Europa, China ou URSS (Odd A. Westad, *The Global Cold War: Third World Interventions and the Making of Our Times*. Nova York: Cambridge University Press, 2007). Ou seja, a Guerra Fria polarizou o Terceiro Mundo e interditou o caminho próprio da descolonização

africano, Fanon talvez tenha sido o primeiro pensador a enfrentar os dilemas desse novo momento histórico. Daí seu pioneirismo. Mas Nkrumah, Cabral e outros, como Walter Rodney, ao seu modo e um pouco posteriormente, da mesma forma buscaram pensar sobre tal fato, tendo em vista novas saídas para o movimento progressista na África. E, como dito, a questão de classe se tornou essencial.

No caso de Nkrumah, isso implicava certo redirecionamento de seu pensamento. Afinal, ele havia negado a centralidade da classe em obras como *Personalidade Africana* (1963) e *Consciencismo* (1964). Mas Nkrumah respondeu a isso também. Teoricamente, disse que o que havia afirmado era sobretudo em relação ao caráter das classes nas sociedades africanas tradicionais. Por outro lado, afirmou que houve uma reorientação e centralização do problema de classes na África entre a década de 1950 e 1960, o que implicava uma nova argumentação teórica. Em especial, porque, nesse meio-tempo, as elites africanas teriam aderido ao neocolonialismo, em vez de buscarem uma saída soberana e autônoma para a África.

O Nkrumah tardio se reposicionou sobre o assunto em livros como *Luta de classes na África* (1966). Ali disse integrar-se a partir de então ao "socialismo científico", e negou qualquer possibilidade de existência de um socialismo africano. Vale a pena citar uma passagem mais longa do autor:

> Ao adotar servilmente ideologias da burguesia europeia, a burguesia africana criou certos mitos, desenvolvidos em um contexto africano, que refletem bem a mentalidade

afro-asiática, que se articulava até então dentro do "espírito de Bandung" (1955): Não Alinhamento, Cooperação, Paz, Desenvolvimento e Unidade. Ou, como diria, Vijay Prashad (op. cit., 2007; *The Poorer Nations*. Londres: Verso, 2012): "paz, pão e justiça" são elementos contextuais importantes para esta análise.

burguesa africana. A pretensa teoria da negritude é o exemplo mais flagrante disso. Essa pseudoteoria pretende conciliar a classe média africana, dominada por estrangeiros, com a ideologia burguesa francesa. Tal concepção contrarrevolucionária, irracional e racista, imbuída de valores ocidentais, reflete bem a confusão que reina no espírito de determinados intelectuais africanos de expressão francesa; e faz, além disso, uma descrição equivocada da personalidade africana.

O "socialismo africano" é uma outra concepção inconsequente e sem fundamentos, que pretende demonstrar a existência de uma forma de socialismo exclusivamente reservada à África e que está baseada nas estruturas comunitárias e igualitárias da sociedade africana tradicional.

O mito do socialismo africano é utilizado com o fim de negar a luta de classes e espalhar a confusão no espírito dos verdadeiros militantes socialistas. É utilizado pelos dirigentes africanos que se veem obrigados — no clima da revolução africana — a adotar uma teoria socialista, mas que estão, ao mesmo tempo, profundamente comprometidos com o capitalismo internacional e não têm a intenção de promover um desenvolvimento econômico verdadeiramente socialista.

[...] Os princípios do socialismo científico são imutáveis e implicam a socialização dos meios de produção e distribuição. Todos aqueles que, por oportunismo político, se dizem socialistas e estendem a mão ao imperialismo e neocolonialismo servem aos interesses da burguesia. Induzidas momentaneamente ao erro, as massas acabarão por tomar consciência e desmascarar esse pretenso socialismo, tornando assim possível a aproximação de uma autêntica revolução socialista.[53]

---

53 Kwame Nkrumah, *Luta de classes na África* [1966]. São Paulo: Nova Cultura, 2016, pp. 39-40.

A saída apontada por Nkrumah, nesse livro, era a alternativa clássica leninista: a criação de partidos revolucionários que deveriam organizar a luta operária-camponesa. Algo que, em sua opinião, já poderia se constituir na África. Uma possibilidade que não teria existido no imediato pós-guerra, mas que já estaria na ordem do dia em fins da década de 1960. Tais revoluções de classe, em sua opinião de então, é que deveriam encaminhar uma revolução continental com o objetivo de construir a nação África. Até mesmo com o auxílio da luta armada, se fosse necessário. Para o autor, no decorrer desse processo, a África se tornaria o centro de uma revolução negra mundial, que estaria aliada à revolução socialista mundial. Daí seu apoio irrestrito ao Movimento do Poder Negro (Black Power), nascido nos Estados Unidos na década de 1960, entendendo-o como um movimento de vanguarda do povo negro e dos oprimidos em geral, que "não tem nada a perder a não ser os seus grilhões".[54]

É interessante notar que, mesmo nesse Nkrumah tardio, convertido ao "socialismo científico", pode-se observar seus apontamentos sobre a importância da defesa da personalidade africana e da luta negra internacional, simbolizada pelo Black Power. O Nkrumah tardio parece inclusive muito próximo a Fanon, quando diz, em outra passagem do livro, que uma autêntica cultura negro-africana só existiria no processo revolucionário de construção do pan-africanismo e do socialismo.[55] E não como algo hipostasiado.

Uma percepção próxima a essa também pode ser encontrada em outro clássico do marxismo africano: Amílcar Lopes Cabral (1924-1973). Cabral nasceu na Guiné, então colônia de Portugal, e estudou em Cabo Verde na infância. Posteriormente, prosseguiu os estudos na metrópole, onde se formou em agronomia e engenharia hidráulica. Lá ajudou a fundar a Casa dos Estudantes

54 Ibid., pp. 93-106. 55 Ibid., p. 95.

do Império, conhecido agrupamento de estudantes africanos da época. Nessa época manteve contatos regulares com o Partido Comunista Português. Desse ambiente nasceu o movimento "Vamos Descobrir Angola", do qual participaram escritores de destaque e líderes dos movimentos de independência da África lusófona, como Agostinho Neto, Mario de Andrade, Viriato da Cruz, Marcelino dos Santos e o próprio Amílcar Cabral. Ali se lia muito do pensamento africano de época, do marxismo, mas também muita literatura social, como a prosa brasileira de Graciliano Ramos e de Jorge Amado.

Cabral voltou à Guiné em 1952. Foi diretor de um projeto de realização do censo agrícola da colônia, o que lhe deu grande conhecimento da vida dos camponeses locais. A partir de 1954, começou a organizar sua vida como militante anticolonialista. Participou da fundação do Movimento Popular de Libertação de Angola (MPLA) e do Partido Africano para a Independência da Guiné e Cabo Verde (PAIGC), do qual se tornou secretário-geral. Não por acaso, é o mesmo período de fundação da Frelimo (Moçambique), liderada por Eduardo Mondlane. Era toda a África sob domínio português se rebelando.

O PAIGC iniciou seu trabalho político na área urbana, mas logo se deslocou para o interior, devido à forte repressão colonialista e ao apoio que recebia da Guiné-Conacri de Sékou Touré, que acabara de se tornar independente (1958). Iniciou então uma guerra de guerrilhas contra o colonialismo português. Cabral foi o líder e principal porta-voz do PAIGC, angariando considerável apoio internacional à causa da descolonização. Ao mesmo tempo, como pan-africanista convicto, defendeu a ideia de que a independência dos dois países (Cabo Verde e Guiné) fosse alcançada conjuntamente. Do mesmo modo, trabalhou pela criação de instituições de viés unitário em prol da descolonização da África lusófona. Enquanto ainda prosseguia a luta armada, em 1973, Cabral foi assassinato em Conacri por um dissidente do PAIGC, a serviço das forças portuguesas. A independência dos dois países foi alcançada no mesmo ano.[56]

Em seus discursos, Cabral estabeleceu os preceitos fundamentais sobre os quais estava articulada a luta do PAIGC. Seu objetivo era criar uma teoria revolucionária da libertação.[57] E uma grande oportunidade para expressar isso foi no ensaio *A arma da teoria*. Lá, sustentou que o verdadeiro motor da história eram as forças produtivas. E que a contradição primordial dos povos periféricos era que o imperialismo bloqueava o desenvolvimento dessas forças, impedindo seu livre desenvolvimento no plano nacional.[58] Sendo essa uma característica tanto da luta anticolonial quanto da luta neocolonial, a libertação se daria, para Cabral, como um processo revolucionário interrupto. No caso neocolonial, entretanto, a luta de libertação deveria passar necessariamente pela via socialista, pois esta se colocaria tanto contra a dominação externa quanto contra a dominação interna, de uma burguesia intermediária que havia se tornando dependente dos interesses imperialistas. Nessa luta, Cabral ressalta o papel dos camponeses e trabalhadores urbanos. Mas não deixa de destacar, assim como Fanon, o papel primordial que membros da pequena burguesia poderiam ter nesse processo. Mas desde que estes cometessem o "suicídio de classe", estabelecendo uma militância partidária em defesa dos interesses dos dominados.

É nesse contexto que Cabral pensava o fator cultural como fator revolucionário, em ensaios como "Libertação nacional e

---

56 Hakim Adi e Marika Sherwood, op. cit., pp. 16-9. **57** Leila M. G. L. Hernandez, "A itinerância das ideias e o pensamento social africano". *Anos 90*, v. 21, n. 40, Porto Alegre, 2014, p. 195-225. **58** Para maiores detalhes, entre as pesquisas nacionais ver: Patricia Villen, *Amílcar Cabral e a crítica ao colonialismo*. São Paulo: Expressão Popular, 2013.

cultura".[59] Para ele, as culturas populares africanas seriam verdadeiros depositários de resistência política contra o opressor. E, por isso, teriam papel fundamental no processo libertador. Era necessário entender o caráter de classe desse fenômeno. À medida que o neocolonialismo também se estabelecia pela dimensão cultural, em particular por seu eurocentrismo e racismo, os verdadeiros revolucionários só conseguiriam sê-lo conforme se libertassem da dominação simbólica e psicológica europeia, sem o que seria impossível enraizar-se nas massas. Para muitos, dizia Cabral, isso implicaria um processo de "reafricanização" nas culturas populares do continente.

Um estudo mais pormenorizado pode apontar mais detalhes desse marxismo africano. Mas tem-se aí um quadro sintético, em que algumas questões se repetem nos anos 1960. A primeira delas é o papel potencialmente revolucionário dos camponeses. A segunda é o papel da cultura e da afirmação da negritude como fator de libertação, desde que entendida como elemento dinâmico e de classe. Em terceiro lugar, a inutilidade histórica da burguesia africana na era pós-colonial, dado seu caráter neocolonial. Em quarto lugar, a legitimidade da violência revolucionária. Por fim, o possível papel progressista que membros da pequena burguesia poderiam ter na África, desde que cometessem o "suicídio de classe", do ponto de vista cultural e político. Sobre outros pontos pode haver discordâncias, algumas mais significativas do que outras. Mas pode-se dizer que essas são as teses centrais que formam o *corpus* do marxismo africano nas décadas de 1960 e 1970.[60]

---

59 Amílcar Cabral, "Libertação nacional e cultura". In: Manuela R. Sanches (Org.), op. cit., pp. 253-72.　**60** Na África do Sul, a luta contra o apartheid e pelo socialismo levou a uma ampla e profunda discussão entre os marxistas locais, desde a década de 1920. Não há espaço aqui para detalhar tal contribuição, mas vale destacar alguns nomes, como Isaac B. Tabatala (1909-1990), Dora Taylor (1899-1976), Hosea Jaffe (1921-2014), Govan Mbeki (1910-2001),

Vale dizer, esse bloco de teses é um ataque direto aos princípios básicos do socialismo africano, que foi destacado anteriormente. Elas desconstruíam boa parte da retórica de diversos líderes do socialismo africano da época, como no Senegal de Senghor. Mas não era tão fácil demonstrar a falsidade intrínseca ou negar o papel progressista de outros defensores do socialismo africano, como Nyerere. Aproveitamos então para voltar ao tema.

Da crítica às alternativas e vice-versa

Nos anos 1970, o debate intelectual africano se acirrou tendo em conta as experiências da primeira década pós-colonial. Do ponto de vista político, viu-se uma polarização entre defensores da via africana — em especial do socialismo africano — e os marxistas africanos, ancorados não apenas em seus próprios

---

Joe Slovo (1926-1995), Rachel Simons (1914-2001), Jack Simons (1907-1995), Moses Kotane (1905-1978), Michael Harmel (1915-1974), Ruth First (1925-1982), Harold Wolpe (1926-1996), Kenneth Jordaan (1924-1988), Baruch Hirson (1921-1999), Jabulani Nobleman 'Mzala' Nxumalo (1955-1991), Martin Legassick (1940-2016), Chris Hani (1942-1993), Neville Alexander (1936-2012) e Steve Biko (1946-1977). Várias das questões aqui levantadas como parte do marxismo africano foram ali trabalhadas de forma independente ou em diálogo com os autores citados como os "clássicos": Fanon, Nkrumah e Cabral. Com relação a eles, há três temas interligados dessa tradição intelectual que merecem destaque: a) a especificidade do "capitalismo colonizador" (*settler capitalism*), sobretudo em relação à questão da terra; b) a interseção entre raça, classe e questão nacional, em sociedades multirraciais; c) a relevância do fator migratório na força de trabalho. Há extensa produção acadêmica sobre o assunto, que ainda não é bem conhecida no Brasil. Para uma introdução de fácil acesso, ver Allison Drew, *Marxist Theory in African Settler Societies: Algeria and South Africa (2008)*. Disponível em: <http://www. africanstudies.uct.ac.za/sites/default/files/image_tool/images/327/2018/ Drew-Marxism-African.pdf>. Acesso em: 8 jul. 2020. Em português, ver Jones Manoel e Gabriel Landi Fazzio (Orgs.), *Revolução Africana: Uma antologia do pensamento marxista*. São Paulo: Autonomia Literária, 2019.

clássicos — Fanon, Cabral, o Nkrumah tardio —, mas na chegada de novas teorias provindas do marxismo acadêmico e do estruturalismo dos anos 1950 e 1970. Em particular, as teorias latino-americanas da dependência, o cepalismo de Raúl Prebisch e Celso Furtado, e a teoria do capitalismo monopolista, de Paul A. Baran e Paul Sweezy. Com a consolidação do Estado-nação no continente e os rumos tomados pela OUA, o pan-africanismo maximalista, como ideologia da unidade africana, tornou-se aí tangencial, pois sua realização como utopia concreta — a unidade africana — havia desaparecido do horizonte político. Nesse contexto, seu ideário acabou sendo apropriado por tendências "pan-negras" (Molefi Asante, Kwesi Prah, Maulana Karenga) ou marxistas (Walter Rodney, Issa Shivji, Sam Moyo).[61]

Por razões já enunciadas, a Tanzânia de Nyerere foi palco de boa parte do debate sobre as alternativas africanas nos anos 1970. Muita gente aí se posicionou. Todavia, para os intelectuais africanos, valia sobretudo a opinião derivada da pesquisa. E os estudos de campo nas aldeias eram especialmente incentivados na Universidade de Dar es Salaam, e pelo próprio governo Nyerere. Como Shivji resumiu o espírito de época: "sem pesquisa, sem direito à fala".[62] E alguns autores, além dele, se destacaram ali, como Rodney, Adhu Awiti, Michaela von Freyhold, Henry Mapolu e Benno Ndulu.[63]

---

61 Godfrey N. Uzoigwe, "Pan-Africanism in World Politics: The Geopolitics of the Pan-african Movement, 1900-2000". In: Toyin Falola e Kwame Essien (Orgs.), *Pan-Africanism, and the Politics of African Citizenship and Identity*. Nova York/Londres: Routledge, 2014. Há um contínuo debate entre tais interpretações (pan-negro, marxista), que se tornaram correntes no campo pan-africanista desde a década de 1970. Para uma atualização, ver a recente polêmica entre Kwesi Prah (1998; 2011) e Issa Shivji (2011). Vale consultar também: Kurt B. Young (2011).   62 Issa G. Shivji, "From Liberation to Liberalization. Intellectual discourses at the University of Dar es Salaam". *Journal for Entwicklungspolitik*, XVIII/3, 2002, p. 287.   63 Ibid.

Tais investigações mostraram o quadro complexo das transformações internas que estavam ocorrendo desde a Declaração de Arusha. Ao mesmo tempo, colocaram em evidência as resistências encontradas, em particular dos camponeses e pequenas proprietários. Sobretudo em relação à coletivização agrícola ali proposta, ainda que baseada nas estruturas do mundo aldeão da *Ujamaa*. O lado positivo era a melhoria de vida que os mais pobres estavam conseguindo adquirir no mundo rural, via escolarização, saúde pública e nutrição, que haviam melhorado geometricamente em poucos anos. O processo de nacionalização dos grupos étnicos se fazia sem grandes sobressaltos ou arroubos de autoritarismo, via equalização de oportunidades e difusão do kiswahili como língua nacional. Por outro lado, do ponto de vista econômico, a *Ujamaa* continuava reproduzindo a situação periférica do país no mercado mundial. Além disso, a nacionalização realizada não estava garantindo a melhoria da produtividade que se esperava, nem conseguindo incentivar a diversificação econômica. Em suma, do ponto de vista da economia política, não se estava conseguindo romper com a estrutura neocolonial.

O próprio Nyerere então defendia uma radicalização maior da proposta. Mas dizia que o sucesso da *Ujamaa* dependia de uma maior conscientização quanto à continuidade da luta maior pela libertação nacional. Nesse sentido, havia pregações cada vez mais assertivas contra os mais ricos das cidades e das aldeias, para que se integrassem a tal proposta. Mas Nyerere não queria realizar uma revolução que rompesse com o "Ocidente"; mesmo porque boa parte do seu financiamento externo dependia dele. Em particular, dos países escandinavos.

Para os defensores da experiência tanzaniana, era o preço a pagar pelo bem maior, ou seja, a melhoria de vida da população e a continuidade de uma libertação gradual, mas afirmativa. Para eles, seria melhor isso do que repetir a experiência de uma ruptura mais radical, mas fracassada, como a de Nkrumah em

Gana. Inclusive marxistas defendiam essa posição, como o economista canadense John Saul, radicado no país. Para outros, tratava-se de uma armadilha neocolonial. Ali, com o apoio de uma pequena burguesia enriquecida, alojada na nova burocracia estatal, se estaria drenando a riqueza local para os interesses externos. Era o que o jovem Issa Shivji chamava de uma "luta de classes silenciosa" (1976). Algo que só poderia ser superado com uma revolução socialista total, como queria Rodney, que apostasse no poder popular e no engajamento com o campo comunista.[64] Estes alertavam especialmente sobre a tentação de formar ali uma via africana de viés anticomunista, que na prática se tornaria um títere da geopolítica estadunidense e europeia no continente.[65]

O caso tanzaniano talvez seja o que melhor exemplificou os dilemas de um governo progressista africano buscando uma via própria de nacionalização e desenvolvimento no mundo pós-colonial dos anos 1970. Obviamente não era o único. Cabe lembrar, por exemplo, da Zâmbia de Kenneth Kaunda ou da Guiné-Conacri de Sékou Touré. Mas não há aqui espaço para pormenorizar esses e outros casos. O fato é que essa realidade dos anos 1960 e 1970 produziu uma série de reflexões interessantes sobre as possíveis alternativas africanas, no particular, e das alternativas de viés nacional, em geral.[66]

---

64 Walter Rodney, "Tanzanian *Ujamaa* and Scientific Socialism". *African Review.* v. I, n. 4, Dar es Salaam, 1972, pp. 61-76.   **65** Henry Winston, *Strategy for a Black Agenda: A Critique of New Theories of Liberation in the United States and Africa.* Nova York: International Publishers, 1973; Ivan Potekhin, "Pan-Africanism and the Struggle of the Two Ideologies (1964)". Disponível em: <https://www.sahistory.org.za/sites/default/files/DC/Acn1964.0001.9976.000.019.Oct1964.7>. Acesso em: 8 jul. 2020.   **66** Vale lembrar, por exemplo, que muitos dos autores que formularam as chamadas "teorias do sistema mundial" faziam seus estudos na África nas décadas de 1950 e 1960, como Giovanni Arrighi, Hosea Jaffe, Immanuel Wallerstein e Samir Amin. Além deles, é preciso citar outros jovens "africanistas" europeus e estadunidenses, que passaram pela África no mesmo período, e depois se tornaram acadêmicos

Para muitos, a experiência tanzaniana (e de outros Estados pós-coloniais) comprovava a inevitabilidade de se pensar em alternativas africanas que fossem para além de rupturas políticas radicais. Visto que a ideia de uma unidade africana continental estava à deriva, só restavam três soluções possíveis. A primeira era pensar sobre tais alternativas como um processo gradual, em que os países africanos iam se moldando ou se impondo conforme suas possibilidades conjunturais. A segunda era a opção socialista, e a ligação estreita com o campo comunista mais amplo. Em particular, a URSS e a China. De fato, não eram posições necessariamente excludentes, como mostra o caso tanzaniano e zambiano da época. Mas elas tendiam a se colocar de formas opostas no campo político-ideológico. Embora, como dizia sabiamente Walter Rodney, a via africana "autônoma" só fosse possível pela existência do campo comunista.[67] Por fim, havia aqueles que desejavam o sistema neocolonial, apostando que a adesão unilateral angariaria para eles um lugar especial na geopolítica mundial. Era o caso de Senghor (Senegal) e Félix Houphouët-Boigny (Costa do Marfim) em relação à França.

Entres os defensores da primeira posição, Nyerere se tornou um ícone. Um dos intelectuais que mais trabalharam por um refinamento de tal argumento foi o cientista político queniano Ali Mazrui (1933-2014). Radicado nos Estados Unidos desde a década de 1960, Mazrui foi uma das presenças intelectuais mais

de relevo em suas áreas, como Georges Balandier, Louis Dumont, Pierre Bourdieu, Joseph Nye, Jack Goody, Terence Ranger, Thomas Hodgkin, Jan Vansina, Frederick Cooper, Philip Curtin etc. Sobre o assunto, Robert H. Bates, Valentin Mudimbe e Jean F. O'Barr (Orgs.), *Africa and the Disciplines: The Contributions of Research in Africa to the Social Sciences and Humanites.* Chicago: University of Chicago Press, 1993. Adiante voltaremos ao tema.

67 Rodney (1972) nos lembra de que esta já era a posição de vários africanistas soviéticos da década de 1960, como Ivan Potekhin (1903-1964).

polêmicas do pensamento africano no século XX. Foram criados inclusive termos para definir os que tinham ojeriza ("mazruiphobia") ou adoração ("mazruiphilia") por ele.[68]

Mazrui tinha aversão à política de Nkrumah e de outros líderes progressistas africanos. Ao mesmo tempo, colocava-se como um defensor de Nyerere, a quem chamava de "titã" do século XX. Mazrui defendia a ideia de que as alternativas africanas seriam de soluções graduais e complementares nos vários âmbitos da vida social e das relações entre os países. Dizia que boa parte dos dilemas africanos derivava não necessariamente de sua posição subalterna, mas da incapacidade das elites africanas de criarem alternativas à subalternidade, buscando formas de modernização sem ocidentalização, tal qual teria sido feito no Japão. Acreditava, ademais, que essa incompetência podia ser explicada pela educação colonial africana que continuaria a se reproduzir na África contemporânea, visto que essa teria dado preeminência a uma educação humanística dissociada dos conhecimentos técnicos. Em última instância, tratava-se de algo que limitava a ação de tais elites na construção de alternativas econômicas e infraestruturais no continente. Por consequência, dizia Mazrui, sem conseguir produzir um real desenvolvimento, tais elites recaíam no autoritarismo, que tanto sufocaria a democracia e os direitos humanos no continente. Em suma, era muito política para pouca economia e ciência/tecnologia.[69]

A única saída para a África era a modernização. Para que isso ocorresse, porém, Mazrui acreditava que seria necessária a realização constante de certas táticas descolonizadoras: a) indigenização, enquanto utilização de recursos próprios; b) domesticação, no sentido de adequar o que é externo ao

---

68 Sabelo J. Ndlovu-Gatsheni, "'My Life Is One Long Debate': Ali A. Mazrui on the Invention of Africa and Postcolonial Predicaments". *Journal Third World Quarterly*, v. 36, n. 2, 2015.   **69** Ali A. Mazrui e Christophe Wondji (Orgs.), op. cit.

interno; c) diversificação da dependência externa, na produção, nas técnicas, nas trocas etc.; d) contrapenetração horizontal, com os demais países do Terceiro Mundo; e) contrapenetração vertical, do Sul em relação ao Norte. De acordo com o autor, somente com a prática contínua desses processos descolonizadores, de forma organizada e a longo prazo, poderia se construir os contrapoderes necessários para que a África superasse de forma sustentável sua subalternidade estrutural.[70]

Mazrui era profundamente antimarxista e anticomunista e acreditava que essas ideologias serviam à dependência cultural e à ocidentalização da África. Falava que para tais correntes se enraizarem na África seria necessário um trabalho profundo num espaço maior de tempo. A exemplo do que teria ocorrido com o islamismo e o cristianismo, que formariam parte da tríplice herança cultural africana. Por isso, considerava o marxismo africano de época como uma transplantação apressada e malsucedida de pensamentos exógenos. Em oposição, defendia uma pan-africanismo cultural, tal qual o que Nyerere teria feito ao difundir o kiswahili como língua nacional, inter-regional e mesmo internacional, via diáspora africana. Defendia também os regionalismos africanos; em especial, os de caráter econômico, que surgiram na década de 1970.

Com tal argumentação, Mazrui fez muitos inimigos no campo acadêmico e político africano. Fez também muitos admiradores, que o viam como uma alternativa mais liberal e democrática no pensamento africano em relação ao socialismo e ao marxismo no continente. Foi um profícuo escritor, com dezenas de livros publicados, tendo se tornado um dos intelectuais africanos mais reconhecidos internacionalmente. De um ponto de visto crítico, muitos o achavam demasiadamente "acadêmico", no sentido de que suas alternativas eram abstratas

70 Ibid., p. 93.

e sem fundamento prático nas realidades africanas.[71] Outros achavam suas teorias culturalistas e, em última instância, reacionárias, sobretudo em sua crítica ao suposto "ocidentalismo" do marxismo na África.[72]

Mas não era somente Mazrui quem utilizava a crítica cultural com uma das questões primordiais de análise política da experiência pós-colonial dos anos 1970. Outro célebre intelectual que ia na mesma direção, por exemplo, era o malinês Amadou Hampâté Bâ (1899-1991). Bâ foi sem dúvida um profundo conhecedor das culturas ancestrais africanas, e tornou-se mundialmente reconhecido por isso. Munido de tal experiência e saber, ele acreditava que o dilema africano era antes cultural do que político ou econômico. Seria o dilema de uma África nascente, urbana e ocidentalizada, que se colocaria contra suas raízes rurais e ancestrais. Por esse caminho, dizia ele, se estaria reproduzido o domínio do homem urbano sobre o rural, da ocidentalização sobre o que era africano, dos homens sobre as mulheres, do dinheiro e da mercadoria sobre o produto, da escrita sobre a palavras. Edward Blyden não teria dito melhor. E assim como ele, Bâ não foi um intelectual resignado. Ele acreditava piamente na possibilidade de que houvesse um retorno às fontes. No entanto, isso teria que ser feito rapidamente, antes que fosse tarde. Na verdade, dizia ele, esse não seria um dilema propriamente africano, mas mundial, visto que a ocidentalização capitalista desenfreada teria se difundido globalmente.[73]

---

71 Aguibou Yansané, *Decolonization and Dependency: Problems of Development or African Societies*. Westport/Londres: Greenwood Press, 1980. 72 Salma Babu e Amrit Wilson (Orgs.), *The Future that Works: Selected Writings of A.M. Babu*. Trenton: Africa World Press, 2002, p. 290. 73 Amadou H. Bâ, "Civilizações". In: *Entrevistas do Le Monde Diplomatique*. São Paulo: Ática, 1989, p. 146.

Mais pragmaticamente, outros intelectuais apontaram para a mesma direção na época. É o que se pode observar, analogamente, no trabalho de historiadores, sociólogos e antropólogos de destaque na África do período, como Jacob F. A. Ajayi (Nigéria, 1929-2014), Joseph Ki-Zerbo (Burkina Faso, 1922-2006), Bethwelll Ogot (Quênia, 1929), Boubou Hama (Nigéria, 1906-1982), Bassey Andah (Nigéria, 1942-1997), Claude Ake (1939-1996). Em geral, eles acreditavam que a construção do Estado-nação na África estava se fazendo de forma autoritária, homogeneizadora e ocidentalizante. Ou seja, apesar de toda retórica, não se estariam construindo de fato caminhos próprios, ancorados na história, instituições, tradições e culturas dos povos do continente. Especialmente a partir das características que, ao seu modo, eram potencialmente democráticas e solidárias. Além disso, não se conheceriam (e reconheceriam) os sistemas interafricanos de trocas e complementaridades econômicas, que se constituiriam para além dos estados e das fronteiras constituídas. Assim, na tentativa de modernizar os seus países, os governantes estariam se "esquecendo" da África profunda.[74] Um fato ainda mais problemático em países com ampla diversidade cultural, linguística e étnica, como a Nigéria ou a República do Congo. Para eles, portanto, o socialismo africano teria sido mais um discurso político — visando a dominação social — do que uma autêntica diretriz social. Em suma, a falha não estaria tanto em suas premissas teóricas, mas no fato de terem sido apenas isso. E, nesse particular, Nyerere era uma honrosa exceção.

Um dos nomes mais críticos das elites africanas foi o escritor nigeriano Chinweizu Ibekwe (1943-). Chinweizu era especialmente ácido em relação à nação nigeriana, que considerava uma invenção perigosa a serviço da plutocracia local. Chamava-os de

---

74 Joseph Ki-Zerbo, 2006; Bethwell A. Ogot, [1971] 2002; Jacob Ajayi, [1990] 1999; Bassey W. Andah, 1988.

"mandarins", em referência aos burocratas dos antigos impérios chineses. E quase pagou com a própria vida quando publicou *The West and the Rest of Us: White Predators, Black Slavers, and the African Elite* [O Ocidente e o resto de nós: predadores brancos, escravos negros e a elite africana], em 1975. No livro, afirmava que, na realidade africana pós-colonial, a oportunidade bacharelesca teria produzido uma classe dirigente ociosa e corrupta que sugava o aparato estatal. Incapazes ou indesejadas de produzir o desenvolvimento, as elites do continente teriam se especializado na reprodução das aparências sociais, em que a propensão e o hábito do consumo seriam elementos centrais. Ademais, defenderiam uma ocidentalização perniciosa também do ponto de vista intelectual. Sobretudo porque, formada pelos círculos social-democratas europeus, teriam apreendido e reproduziam uma mentalidade dependente e eurocêntrica, em que o problema básico de um país seria a questão distributiva, e não a da produção. Algo que poderia até ser real para um país desenvolvido, mas que seria essencialmente falso para a realidade de países pobres e subdesenvolvidos, como os africanos.[75]

A colocação de Chinweizu retoma a radicalidade da crítica política contra as elites do continente no mundo pós-colonial. Mas ele era também um crítico do marxismo, que encarava como uma forma exacerbada de ocidentalização. Ou seja, assumia, à sua maneira, o argumento de Mazrui e outros intelectuais. A obra de Chinweizu é uma boa demonstração do ódio crescente dos intelectuais africanos contra suas elites governamentais, que não conseguiam realizar a promessa de uma África soberana e desenvolvida.

Nos anos 1970, essa percepção vai se transpondo para os âmbitos da cultura, onde era possível fazê-lo sem risco de vida.

---

75 Chinweizu, *The West and the Rest of Us: White Predators, Black Slavers and the African Elite*. Nova York: Random House, 2010, pp. 952-6.

Ia-se da literatura crítica de um Chinua Achebe (1930-2013) à musicalidade radical e original de um Fela Kuti (1938-1997). Não por acaso, ambos na Nigéria, um dos países africanos que tinham maior condições estruturais de se desenvolver, mas não conseguiu fazê-lo. Pelo contrário, ainda enfrentou um conflito separatista sanguinolento à época: a Guerra de Biafra (1967-1970).

No entanto, para entender essa realidade, muitos jovens intelectuais africanos se encaminharam ao estudo da economia política, apostando que tal especialidade poderia trazer-lhes outras repostas aos dilemas colocados. Evidentemente, todas as teorias políticas que aqui foram analisadas sucintamente tinham suas concepções econômicas, como poderá ser visto no próximo capítulo. Algumas mais conscientemente do que outras. No entanto, a partir das décadas de 1960 e 1970, devido aos desafios do desenvolvimento e da construção nacional e, posteriormente, à crise internacional pós-1973, o "reino político" foi cada vez mais dando espaço ao pensamento e ao discurso mais pragmático da economia política, enquanto base teórica e locus de enunciação do pensamento africano em geral.

3.
O autodesenvolvimento

Nenhum povo se desenvolveu unicamente a partir do exterior. Se ele se desenvolve, é porque extrai de si mesmo os elementos do seu desenvolvimento. Na realidade, todo mundo se desenvolveu de forma endógena. Ninguém se instalou na praça pública, com a gamela na mão, à espera de ser desenvolvido. Se quiséssemos representar por uma figura geométrica esse tipo de desenvolvimento ideal, seria preciso vê-lo como uma espiral ascendente ou como o paradigma da árvore. A árvore está enraizada, vai ao fundo da cultura subjacente, mas também está aberta às trocas multiformes, não está murada ou fechada. Assim, é estando profundamente enraizado que se fica disposto a todas as aberturas.

Ki-Zerbo[1]

O debate sobre o autodesenvolvimento é o último paradigma a ser analisado. Insinuado nos capítulos anteriores sobre a personalidade africana e o reino político, ele se consolidou em suas características próprias na África no período pós-colonial, quando se tornou o tema central do pensamento africano.

Várias razões contribuíram para tal fato. De início, cabe lembrar as independências nacionais e o surgimento dos primeiros economistas africanos, a partir dos anos 1950. Outro fator relevante foi que, na África, além dessa camada profissional específica, a temática do desenvolvimento tornou-se gradativamente um assunto sobre o qual todos os intelectuais intervinham, para o desespero dos economistas profissionais.

---

1 Joseph Ki-Zerbo, *Para quando a África? Entrevistas com René Holenstein*. São Paulo: Pallas Athena, 2006, p. 149.

A epígrafe deste capítulo exprime tal constatação. Seu autor, Joseph Ki-Zerbo, foi um dos principais pensadores dessa temática. É dele uma frase simbólica dos defensores do chamado desenvolvimento endógeno: "Não desenvolvemos, desenvolvemo-nos". Com isso ele queria sintetizar a ideia de que todo desenvolvimento é algo interno, um salto de si para si mesmo em outro nível. É um autodesenvolvimento. Como tal, é algo humano, um fato total, que não implica apenas uma investigação econômica, mas concomitantemente uma reflexão sobre identidade, educação, cultura, filosofia, ciência, tecnologia, política. Uma verdadeira alternativa de desenvolvimento, portanto, implicaria participação popular e democratização social. É a partir dessa ampla caracterização que aqui se qualifica o debate sobre o autodesenvolvimento como o último grande debate do pensamento africano contemporâneo.

A economia política africana, clássica

Durante a vigência da era colonial na África o problema do desenvolvimento das colônias se colocava de forma ambígua. A essência do colonialismo era transformar as sociedades locais em enclaves de exportação de matérias-primas tropicais e minerais, que interessavam às metrópoles. Para tanto, necessitava-se basicamente de duas coisas: a) investir no setor de transporte (ferrovias, estradas, portos) e de telecomunicações (telégrafos, telefones); b) garantir a força de trabalho, sem a qual nenhuma atividade econômica colonial seria possível. Assim, instituíram-se diversas formas de controle e exploração do trabalho que são comumente chamadas de "trabalho voluntário", mas que de fato eram formas disfarçadas de escravização.

Pensar em desenvolvimento econômico em tal contexto significava, portanto, o bom funcionamento de um sistema de exploração, que estava baseado no racismo, na violência e na periferização estrutural das sociedades africanas na divisão internacional do trabalho.

Isso não se alterou significativamente durante o período colonial. É verdade que alguns países semicoloniais, como Egito e Libéria, além da África do Sul, conseguiram avançar numa industrialização própria, ainda que timidamente. Em outros casos excepcionais, como Rodésia do Sul, Congo Belga e Argélia, em que existia uma população branca mais numerosa, algumas fábricas foram introduzidas no entreguerras. Em particular, após a crise 1929, quando se desenvolveu um processo de substituição de importações coordenado pelas metrópoles.[2] Apesar de seu caráter efêmero, essa industrialização pioneira permitiu a formação de uma nascente classe operária africana nesses lugares.

Salvo melhor juízo, ainda está por se fazer uma história intelectual pormenorizada do pensamento africano em economia política. Todavia, alguns traços gerais parecem hoje mais claros. Ao que tudo indica, os primeiros ensaios nessa direção só foram publicados na década de 1950, poucos anos antes das independências nacionais. A ideia geral então corrente é que, num primeiro momento, os interesses do setor público e privado deveriam ser unidos na formação de uma nação industrializada, em que o Estado teria forte participação na economia. Como assinala o economista egípcio Samir Amin, esse era o projeto de desenvolvimento engendrado nos movimentos da descolonização, que significava quase o mesmo em todas as partes da África, implicando: a) centralização do poder no Estado, com partido único e intervenção na economia; b) modernização do setor agroexportador (e mineral); c) industrialização.[3]

---

2 Pierre Kipré, "O desenvolvimento industrial e o crescimento urbano". In: Ali A. Mazrui e Christophe Wondji (Orgs.), op. cit., p. 430. 3 Samir Amin, *Os desafios da mundialização*. Aparecida: Ideias e Letras, 2006, p. 240.

A receita não era absurda. E, de fato, ela trouxe resultados razoáveis de crescimento econômico (média de 5%) para a maior parte dos países africanos na época de expansão da economia mundial, entre 1945 e 1973. Isso, vale dizer, num cenário difícil para o continente, com a radicalização da Guerra Fria e a explosão demográfica, que triplicou a população de muitos países entre 1950 e 1990. A questão central era o espaço que cada um desses setores (burocracia estatal, setor exportador, indústrias) deveria ter, e qual o papel que as antigas metrópoles iriam ocupar. Muitas das graves crises políticas que afetaram os governos africanos na década de 1960 decorriam de posicionamentos políticos diferentes sobre tal matéria. Mas todos eram a favor da intervenção do Estado na economia. Na época, o liberalismo como doutrina política ou econômica não era algo levado a sério na África. Em quase todos os países, o receituário da descolonização ia pelo caminho contrário, fosse ele de "esquerda" ou de "direita", implicando: partido único, Estado forte, industrialização, homogeneização étnico-cultural. Algo que se poderia resumir sob dois termos clássicos: desenvolvimento e modernização.

No entanto, no imediato pós-colonial, nos anos 1960, em nenhum país ocorreu estatização completa da economia, seguindo modelo soviético. Pelo contrário, em todos eles havia largos setores da economia que continuavam dominados direta ou indiretamente pelos monopólios internacionais — o que ocorria apesar das políticas de nacionalização implementadas em países como Gana, Mali, Tanzânia e Argélia. Sobretudo em decorrência do controle de preços que, em última instância, tais monopólios conseguiam implementar sobre as commodities desses países, a partir do poder e da presença desses monopólios no mercado mundial.

Essa situação de dependência estrutural era justamente o que os teóricos do neocolonialismo da época, como Kwame

Nkrumah, estavam prognosticando. Todavia, não se deve supor por isso que o projeto de "descolonização econômica" tenha sido mera reprodução dos interesses dos monopólios internacionais no continente.[4] Aliás, pelo contrário, como diz Amin sobre o período logo após as independências:

> [...] a oposição que hoje fazemos tão frequentemente entre a intervenção do "Estado" — sempre negativa porque, por essência, em conflito com aquilo que pretendemos ser a espontaneidade do mercado — e o "interesse privado" — associado às tendências espontâneas do mercado — não existia. Essa oposição não era feita e nem era notada. Ao contrário, o bom senso, partilhado por todos os poderes estabelecidos, via na intervenção do Estado um elemento essencial da construção do mercado e da modernização. A esquerda

4 Certamente, era útil a tais instituições e forças externas que houvesse na África certa organização social que garantisse o controle da força de trabalho e a exploração dos recursos naturais do continente. Mas cabe lembrar que o colonialismo foi um sistema fundado justamente para isso. E, é preciso dizer, era muito rentável e funcional, tanto que nenhum país europeu queria abrir mão dele antes da consolidação dos diversos movimentos de descolonização no pós-guerra. E, desde a década de 1940, a mais nova potência capitalista do mundo, os Estados Unidos, estava ganhando cada vez mais espaço econômico no continente em pleno colonialismo, seja associada ao capital metropolitano (inglês, francês, português), seja aplicada diretamente, como no caso sul-africano, liberiano, rodesiano etc. Em suma, o colonialismo não era um problema para o capital internacional, fosse ele de origem europeia ou estadunidense. E a continuidade dos laços econômicos entre Estados Unidos, África do Sul e o colonialismo português é prova disso. Em suma, não havia por que os capitalistas desejarem a descolonização africana. Muito menos um projeto de descolonização que buscava construir certo poder nacional nas ex-colônias africanas, ainda que sob dominação estrutural neocolonial. Seria muito melhor a continuação do colonialismo ou, se necessário, a instauração de um sistema neocolonial completo, intermediado por estados formalmente soberanos, mas com fraquíssima soberania de fato. Algo que só se instaurou na maior parte do Sul global a partir dos nos 1980, com o neoliberalismo.

radical — de aspiração socialista em sua própria leitura ideológica — associava certamente a expansão desse estatismo à expulsão gradual da propriedade privada. Mas a direita nacionalista, que não se propunha esse objetivo, não era menos intervencionista e estadista: a construção dos interesses privados que ela propunha exigia, conforme pensava, e a justo título, um estatismo vigoroso. As baboseiras de que hoje os discursos dominantes se alimentam não tinham nenhum eco na época.

A tentação é, portanto, grande hoje, de ler essa história como a de uma etapa da expansão do capitalismo mundial, que teria realizado, mais ou menos bem, certas funções ligadas à acumulação nacional primitiva, criando por isso mesmo as condições da etapa seguinte, na qual se entraria agora, marcada pela abertura para o mercado mundial e para a competição nesse terreno. Eu não proporia ceder a essa tentação. As forças dominantes do capitalismo mundial não criaram "espontaneamente" o ou os modelos de desenvolvimento. Esse "desenvolvimento" se impôs a elas. Ele foi produto do movimento de libertação nacional do Terceiro Mundo da época.[5]

"Desenvolvimento" e "modernização" são, portanto, as premissas primordiais da economia política africana, que vai se formando nos anos 1950 e 1960. A título de exemplo, era algo pressuposto na maior parte das teorias e doutrinas políticas analisadas no capítulo anterior, como no "socialismo africano"[6] ou no pan-africanismo de Padmore e Nkrumah. Cheikh Anta Diop, por exemplo, em 1956, defendia a ideia de que uma nova África seria uma África necessariamente continental e com forte presença estatal. Segundo ele, só esse fato poderia

---

5 Ibid., p. 243.   **6** William H. Friedland e Carl G. Rosberg Jr., *African Socialism*. Califórnia: Stanford University Press, 1964.

garantir o planejamento para construir um desenvolvimento econômico (industrial) adequado às características naturais (em particular, energéticas) do continente, assim como as necessidades das populações africanas. Algo que, para Diop, não estaria ao alcance de nenhuma nação africana em particular.[7]

Dado o caráter neoliberal das concepções hegemônicas atuais em matéria de economia política, tal consenso pode parecer estranho ao leitor contemporâneo. Mas, à época, não se tratava de uma particularidade africana. A defesa da presença do Estado na economia e da necessidade do planejamento econômico era algo comum a quase todas as nações do mundo nas décadas de 1950 e 1960, mesmo nos Estados Unidos.[8] Nesse quadro, os fundadores da Economia do Desenvolvimento eram referências mundiais, inclusive na África, como Paul Rosenstein-Rodan, Hans W. Singer, Ragnar Nurkse, William Arthur Lewis, Albert O. Hirschman, Gunnar Myrdal, Michal Kalecki, Raúl Prebisch e Celso Furtado.[9] E as comissões internacionais foram relevantes nesse momento, começando pela Comissão Econômica das Sociedade das Nações, no entreguerras. E, a partir de então, as comissões econômicas das Nações Unidas para cada continente no pós-guerra (CEA para a África), e que tinham por finalidade maximizar os esforços para eliminar os vícios do colonialismo e do subdesenvolvimento. Essa nova disciplina, a Economia do Desenvolvimento,

---

7 A primeira exposição pormenorizada desse ideal foi realizada por dois economistas estadunidenses, então professores da Universidade de Gana, Reginald Green e Ann Seidman: *Unity or Poverty?: The Economics of Pan-Africanism (1968)*. Após o golpe contra Nkrumah, Green foi trabalhar com Nyerere na Tanzânia e tornou-se um dos principais economistas radicados na África. **8** Eric Hobsbawm, *Era dos extremos: O breve século XX*. São Paulo: Companhia das Letras, 2013. **9** Fernanda Cardoso, *Nove clássicos do desenvolvimento econômico*. Jundiaí: Paco Editorial, 2018.

consistia num arranjo teórico elaborado a partir da experiência da Revolução Industrial nas sociedades europeias.

Vale destacar o nome de Arthur Lewis (1915-1991) neste ensaio. Caribenho de origem, Lewis foi o único economista negro desse famoso grupo de autores. Era amigo pessoal de Eric Williams e ligado aos grupos pan-africanistas de Londres.[10] Superando o racismo acadêmico da época, tornou-se professor da Escola de Economia de Londres e da Universidade de Manchester, nas décadas de 1940 e 1950. Nesse período, escreveu seu mais famoso estudo: *Desenvolvimento com oferta ilimitada de trabalho* (1954), em que pregava a possibilidade de industrialização retardatária dos países do Terceiro Mundo, tendo em conta sua larga mão de obra disponível. A partir dos anos 1950, tornou-se um consultor internacional, ajudando diversos países africanos e asiáticos recém-independentes a construir seu planejamento econômico. Entre muitas honrarias, recebeu o Prêmio Nobel de Economia em 1979.

Um dos governos mais auxiliados nesse período por Lewis foi o de Kwame Nkrumah, em Gana. De fato, a relação entre os dois homens era anterior. Lewis já havia preparado um relatório econômico a pedido de Nkrumah em 1953, quando este era primeiro-ministro da antiga Costa do Ouro (antes da independência). Nesse relatório, o economista caribenho apontava para a necessidade de uma reforma gradual tendo em vista a industrialização nacional. Pois, em sua opinião, a então colônia não possuía a mesma vantagem do atraso — oferta de mão de obra "ilimitada" — que outros países subdesenvolvidos tinham, como Egito e Índia (base empírica de seu trabalho

---

10 Ravi. W. Kanbur, *Arthur Lewis and the Roots of Ghananian Economic Policy*. Nova York: Charles H. Dyson School of Applied Economics and Management Cornell University, 2016. Disponível em: <http://publications.dyson.cornell.edu/research/researchpdf/wp/2016/Cornell-Dyson-wp1607.pdf>. Acesso em: 28 jun. 2020.

de 1954). Nessas circunstâncias, dizia Lewis, era preciso antes desenvolver uma acumulação de capital inicial via modernização do setor agroexportador. Só depois seria possível caminhar para uma industrialização seletiva.[11]

Além das consultorias, após a independência de Gana, Lewis trabalhou diretamente no governo Nkrumah. No entanto, a colaboração durou apenas dezoito meses, entre 1957 e 1958. Suas opiniões e conselhos eram basicamente os mesmos de antes. Mas a sua linha não foi bem digerida pelo presidente ganense, que pretendia realizar um pulo maior para o desenvolvimento industrial, seguindo seu "Plano de Metas de Cinco Anos". Percebendo sua posição decorativa, Lewis desistiu do cargo. Ao sair, numa carta que se tornou pública posteriormente, disse:

> Fez-se uma provisão inadequada para alguns serviços essenciais, enquanto a maior prioridade é dada a um número de questões de segunda importância... Aliás, a principal razão para essa falta de equilíbrio é que o plano contém muitos esquemas nos quais o primeiro-ministro [Nkrumah] está insistindo por "razões políticas...". Para lhe dar esses brinquedos, a Comissão de Desenvolvimento teve que reduzir severamente o fornecimento de água, centros de saúde, escolas técnicas, estradas... Não é fácil fazer um bom plano de desenvolvimento com 100 milhões de libras se o primeiro-ministro insiste em inserir 18 milhões de libras de suas próprias questões políticas que não desenvolvem o país, nem aumentam o conforto do povo.[12]

Ao que teria respondido Nkrumah, em outra carta:

---

11 Ibid.   12 Arthur Lewis apud Robert Tignor, *Arthur Lewis and the Birth of Development Economics*. Nova Jersey: Princeton University Press, 2006, p. 167.

São decisões políticas que eu considero que devo tomar. O conselho que me deram, por mais sadio que seja, é algo essencialmente colocado do ponto de vista econômico, e eu lhe disse, em muitas ocasiões, que nem sempre posso seguir esse conselho, pois sou um político e preciso apostar no futuro.[13]

Posteriormente, num livro de 1965, *Política na África Ocidental*, Lewis generalizou sua crítica às elites governantes africanas. Segundo ele, assim como ocorreu com Nkrumah, tais elites tendiam ao centralismo e ao autoritarismo tanto em matéria econômica quanto política. E isso seria algo pernicioso à economia de mercado e ao bom desenvolvimento das nações.[14] Certamente, havia razões conjunturais para a postura política dessas elites — razões que Lewis não via ou não queria ver. Aqui foram citadas duas anteriormente: a) o acirramento conjuntural da Guerra Fria (anos 1960); b) a necessidade de formação do Estado-nação. Mas quanto esses fatos eram suficientemente fortes para determinar (ou pelo menos condicionar) um viés centralista e autoritário de época dos governos africanos é uma questão a que só se pode responder especificamente. Implica uma análise mais profunda e detalhada, que as generalizações — como a de Lewis — não permitem.

Por outro lado, é evidente que os novos governantes africanos não tinham opções livres à sua escolha. Sobretudo por conta dos acordos realizados (formais e extraoficiais) com as ex-metrópoles, ainda no processo de descolonização. Por exemplo, muitos não podiam recusar-se a aceitar a "ajuda" para o desenvolvimento, inclusive sob a forma de "quadros técnicos", que na maioria dos casos estavam ali só para garantir os interesses externos, neocoloniais. Por causa disso, deve-se observar que

13 Ibid.   14 Ravi W. Kanbur, op. cit.

desde o início houve em muitos países uma resistência aos modelos importados, que supunham forte ênfase no comércio exterior, em vez das questões internas.

A defesa, portanto, de que o Estado — e o setor público em geral — deveria ser a entidade responsável pelo desenvolvimento econômico também tinha um caráter político. A crença era de que, a partir dele, seria possível impulsionar as dinâmicas econômicas internas (exportação primária e industrialização, em diferentes graus) e mediar os interesses externos/internos. Era uma forma de pensar um autodesenvolvimento a médio e longo prazo, à medida que os processos de industrialização e modernização fossem se consolidando. No entanto, não havia nessa percepção muito espaço para a ação de muitos agentes individuais, que desde então foram se perpetuando na informalidade. Mas não eram só esses os esquecidos. Nos anos 1960, os acordos regionais, por exemplo, foram também sendo secundarizados, especialmente os econômicos e de infraestrutura.

Contudo, uma vez que tais elites, por intermédio do Estado-nação, conseguiam garantir certa margem de crescimento econômico — tanto por razões internas quanto externas —, no período entre os anos 1960 e 1970 elas também conseguiam manter certa legitimidade social contra as oposições e as ideias discordantes. Como dizia uma palavra de ordem da época: "Silêncio, estamos nos desenvolvendo!".[15]

Em virtude disso, muitas críticas que os intelectuais africanos faziam então ficaram sem reconhecimento. E elas mereciam ter sido ouvidas, como pode-se observar do contexto trágico que se instalou na África posteriormente, nos anos 1980 e 1990. Cabe, portanto, iniciar esse debate aludindo aos pioneiros dessa crítica desde a óptica da economia política, a partir da década de 1960.

15 Joseph Ki-Zerbo, op. cit., p. 146.

Um dos primeiros pensadores africanos a ser apontado é o economista senegalês Mamadou Moustapha Dia (1910-2009). Dia começou seus estudos numa escola corânica, no Senegal. Ainda durante a Segunda Guerra, mudou-se para a França, onde se formou em economia. Nesse período, esteve muito próximo de Senghor. Ambos lutavam em organizações anticoloniais senegalesas e na RDA, então controlada por Houphouët-Boigny (Costa do Marfim). Posteriormente, Dia foi representante de Senegal na Câmara dos Deputados e no Senado da França, entre 1948 e 1958. Tornou-se primeiro-ministro do Senegal logo após a independência nacional, em 1960. Nos dois anos seguintes, defendeu uma postura altiva e combativa diante da França e seus correligionários locais — como o então presidente L. S. Senghor —, à medida que a ex-metrópole continuava a dominar a economia senegalesa. Mas Dia acabou perdendo a batalha. E, em 1962, foi preso com os outros quatro ministros sob acusação de planejar um golpe de Estado contra Senghor. Ficou encarcerado entre 1963 e 1974. Após esse período na prisão, retomou sua carreira acadêmica. Buscou ainda voltar à política do Senegal nos anos 1980, mas sem sucesso pleno.[16]

Dentro do campo intelectual, Dia foi uma referência por ter sido um dos pioneiros (junto com R. Prebisch e A. Emmanuel) a mostrar como o comércio internacional não era igualmente útil a todos os países. Pelo contrário, aumentava a polarização entre os países desenvolvidos e subdesenvolvidos, visto que, a médio e longo prazo, implicava a deterioração dos meios de troca dos segundos. É uma das teses do seu livro, *As nações africanas e a solidariedade mundial* (1961). Para Dia, essa seria a face econômica do neocolonialismo. Contra ela, defendia a ideia de que as economias nacionais africanas deveriam se

---

16 Mark R. Lipschutz e R. Kent Rasmussen, *Dictionary of African Historical Biography*. Londres: Heinemann, 1986, p. 72.

recriar em busca de autodesenvolvimento e expansão regional, tendo em vista o comércio Sul-Sul e a promoção de alternativas comunitárias. Algo que ele passou a divisar como parte de seu projeto de "socialismo africano"; pelo visto pouco atrativo ao "socialismo africano" de Senghor.

A interpretação mais sistêmica de Dia tornou-se comum entre os economistas africanos e da diáspora de vanguarda da década de 1970, que se aproximaram das teorias do estruturalismo cepalino, do capital monopolista e da dependência, como ocorreu com Walter Rodney (Guiné), Samir Amin (Egito) e Justinian Rweyemamu (Tanzânia). Cada qual ao seu modo, eles buscaram mostrar como a situação periférica da África no capitalismo mundial estava condicionada historicamente pelas relações do continente com a expansão europeia.

Talvez Rodney tenha sido o que foi mais a fundo nesse enfoque em seu estudo clássico *How Europe Underdeveloped Africa* [Como a Europa subdesenvolveu a África].[17] Ali, o autor mostrou como a relação centro-periferia entre Europa e África não foi apenas obra colonial, mas já vinha se estabelecendo secularmente em decorrência da consolidação do tráfico escravista do Atlântico, que desenvolveu a Europa enquanto subdesenvolvia a África. Mas um estudo seminal de Samir Amin também deve ser destacado nesse contexto: *A acumulação a escala mundial* (1970). Não por acaso um trabalho publicado no mesmo período de outros que se tornaram referenciais à época, como os de Immanuel Wallerstein (*O moderno sistema mundial*, 1974) e André Gunder Frank (*A acumulação mundial*, 1978). Em todos buscava-se entender o problema da acumulação primitiva capitalista em escala mundial, uma das bases para a criação da teoria do sistema-mundial. Afinal, com isso, se poderia fundamentar

---

17 Walter Rodney, *How Europe Underdeveloped Africa*. Londres/Dar es Salaam: Bogle-L'Ouverture Publications/Tanzanian Publishing House, 1973.

uma explicação do capitalismo como sistema intrinsecamente polarizador entre as nações (centros-periferias), trazendo outras questões teóricas e políticas para o marxismo.

É interessante notar nesses e em outros autores dos anos 1970 (Dia, Rodney, Amin) que suas análises da África no capitalismo mundial não eram resignadas. Não se tratava de crítica e resignação. Suas críticas não eram sobre a ideia de desenvolvimento em si. Mas sobre o tipo de desenvolvimento que se estava firmando no período pós-colonial, que não rompia com os laços de dependência com o centro capitalista. E que, por consequência, continuava reproduzindo uma situação periférica na divisão internacional do trabalho. Para eles, numa conjuntura favorável, tal desenvolvimento "associado" produziria no máximo crescimento do PIB, mas não necessariamente melhora na qualidade de vida das populações, consolidação da soberania nacional ou fortalecimento da ciência/ tecnologia africana. Parafraseando o brasileiro Celso Furtado, à época produzia-se crescimento econômico, mas não desenvolvimento real.[18] E, de fato, o "milagre brasileiro" era sempre citado criticamente nesse sentido.

Era assim porque, além de críticas acadêmicas, tais estudos estavam alicerçados em trajetórias militantes desses e de outros economistas africanos. Falou-se, por exemplo, de Samir Amin. É alguém que se deve destacar neste ensaio, por conta de sua relevância para o tema em pauta. Filho de mãe francesa e pai egípcio, saiu do seu país natal e se formou no Instituto Nacional de Estatística e Estudos Econômicos, na França, em 1957. Logo depois, retornou ao Egito, onde trabalhou no governo de Nasser até 1960. Posteriormente, participou dos governos de Modibo Keita, no Mali, e de Boumediene,

---

18 Celso Furtado, *Teoria e política do desenvolvimento econômico*. São Paulo: Editora Nacional, 1966.

na Argélia, nas áreas de desenvolvimento industrial e planejamento econômico. Foi consultor de muitos outros governos africanos, além de um dos idealizadores da Nova Ordem Econômica Mundial, construída pelo Bloco do Terceiro Mundo nos anos 1970.

Após tais experiências, voltou para a área acadêmica, tornando-se professor e pesquisador em diversas universidades ao redor do mundo. Publicou dezenas de livros e se transformou em uma referência mundialmente conhecida. Em particular, dentro do campo progressista e, mais especificamente, marxista. No entanto, nunca abandonou a África, tendo morado e trabalhado por décadas em Dakar, no Senegal. Desde os anos 1970, ajudou na formação e consolidação de algumas das principais instituições acadêmicas transacionais do continente, como o Fórum do Terceiro Mundo, o Fórum das Alternativas e o Conselho para o Desenvolvimento da Pesquisa em Ciências Sociais na África (Codesria).

Em *A acumulação a escala mundial* (1970), Amin colocou as premissas de sua reconstrução do materialismo histórico. Ao analisar o capitalismo realmente existente, buscou demonstrar que a polarização centro-periferia era uma dinâmica inerente à acumulação de capital em escala mundial. Em livros subsequentes (*O imperialismo e o desenvolvimento desigual*, 1976; *A lei do valor e o materialismo histórico*, 1977), a tese da polarização foi reforçada por uma análise do caráter mundial da lei do valor.[19] Focando-se nas periferias do sistema, o autor buscou as consequências políticas de tais investigações (*O futuro do maoismo*, 1983; *Classe e nação*, 1980). Argumentou então que a polarização mundial tenderia a relegar as nações periféricas a se perpetuarem como tais, por conta do caráter "comprador" de suas burguesias locais.

---

19 Samir Amin, *Re-reading the Postwar Period: An Intellectual Itinerary*. Nova-York: Monthly Review Press, 1994, p. 69.

Apesar de ser um crítico tenaz do capitalismo, Amin não acreditava na destruição dele a curto prazo. Dizia que estávamos num período de longa transição para o socialismo. E que, portanto, fazia sentido ver as alternativas de poder nacional--popular no Sul global como etapas necessárias dessa transição civilizacional. Amin utilizou a expressão "desconexão" para se referir a tal estratégia alternativa de poder. Seus adversários atacavam-no dizendo que o autor defendia a autarquia. Mas de fato ele falava em autonomia, soberania. Tratava-se da possibilidade das sociedades periféricas de, a partir de uma revolução nacional-social, tornarem-se agentes de sua própria história, passando a colocar a resolução dos seus problemas internos (distribuição de renda, autodesenvolvimento, produção tecnocientífica, melhoramento da qualidade de vida) no primeiro plano de suas capacidades decisórias. Em seus termos, significava construir um autodesenvolvimento guiado por um poder nacional-popular, contra o imperialismo e as burguesias compradoras, ou seja, as burguesias periféricas estruturalmente associadas ao neocolonialismo. Além dessa face interna, a desconexão teria uma face externa, reconectando o país internacionalmente aos países socialistas e ao terceiro-mundismo.

Para Amin, portanto, por mais difícil que fosse, existiria uma alternativa basicamente nacional para a superação do capitalismo periférico. No entanto, por mais adeptos que tal estratégia tivesse nos anos 1970, ela foi gradualmente perdendo sua força de convencimento por três fatos históricos que reorganizaram o sistema internacional desde então. A primeira delas foi a reascensão da liderança estadunidense dentro do centro capitalista, o que levou à formação do G-5, em 1975. Em segundo lugar, a desconstrução do Bloco do Terceiro Mundo e a crise do socialismo real. Por último, a financeirização crescente da economia mundial, decorrente das crises do petróleo (em 1973 e 1978), da política do "dólar forte" e da ascensão do neoliberalismo nos Estados Unidos e na Inglaterra.[20]

Tais eventos internacionais tiveram fortes consequências para a África dos anos 1970 e 1980, impondo severas restrições à continuação da agenda do desenvolvimento (ainda que associado), que se estava construindo no continente desde as descolonizações dos anos 1960.[21] A partir de então, viu-se formar aquilo que alguns economistas africanos chamaram de "décadas perdidas",[22] tal qual seus colegas latino-americanos. As semelhanças foram gritantes. E mostraram a condição de subalternidade estrutural do capitalismo periférico em escala mundial, apesar de sua aparente heterogeneidade. Na África, as exceções ficaram a cargo de países petrolíferos como a Nigéria e a Líbia, já governada por Muammar Gaddafi.[23]

Que fazer nessa situação? Não era uma pergunta fácil de responder. Certamente, os estruturalistas e "dependentistas" dos anos 1960 e 1970, como M. Dia, W. Rodney e S. Amin, tinham uma resposta: revolução socialista! Mas não era necessariamente essa a resposta que muitos líderes africanos queriam ouvir, especialmente numa época de retração do Bloco do Terceiro Mundo e do socialismo real.[24] Atenta a tal situação, a economia política africana criou outras respostas, buscando

---

20 Vijay Prashad, 2012, op. cit.   **21** Hobsbawm, op. cit.   **22** Thandika Mkandawire e Charles Soludo, *Our Continent, Our Future: African Perspectives on Structural Adjustment*. Dakar: Codesria, 1998.   **23** Coronel da Força Aérea, Gaddafi havia tomado o poder na Líbia em 1969. Foi um férreo apoiador do anticolonialismo, tendo sustentado materialmente a última onda de descolonização no continente, entre 1970 e 1980. Aí incluindo as independências de Angola, Moçambique, Zimbábue, Namíbia. Salvo melhor juízo, foi a última liderança árabe relevante a defender uma postura pan-africanista para o continente africano, tal qual G. Nasser antes dele.   **24** Moçambique e Angola são exceções nesse contexto, que se explicam por conta das especificidades de suas tardias revoluções de libertação nacional, em fins dos anos 1970.

criar alternativas para os governos africanos do período entre os anos 1970 e 1980.

Nesse contexto, cabe lembrar de outra grande figura da economia política africana: o nigeriano Adebayo Adedeji (1930-2018). Adedeji se formou em Economia na Universidade de Londres e em Administração na Harvard nos anos 1960. Em seu retorno à Nigéria foi membro do Ministério do Planejamento Econômico entre 1958 e 1963, professor da Universidade de Ilé-Ifé (atual Obafemi Awolowo) e ministro da Reconstrução Econômica e Desenvolvimento. Neste último posto, foi um dos líderes do Plano Nacional de Desenvolvimento de Cinco Anos (1970-74), baseado nos lucros das exportações de petróleo, que promoveram rápida industrialização e certa provisão de infraestrutura para a Nigéria.

Como Prebisch e Dia, antes dele, discordou sobre os benefícios das teorias do comércio internacional com base em vantagens comparativas, defendendo uma modernização e industrialização financiadas pelas exportações primárias, com ampliação do comércio regional. Construiu então uma trajetória em defesa das organizações regionais e transnacionais africanas. É considerado "o Pai da CEDEAO (a Comunidade Econômica dos Estados da África Ocidental), por ter iniciado as conversações e os encaminhamentos para as primeiras reuniões dessa instituição regional, que se tornou uma das mais relevantes da África. Entre 1975 e 1991 foi secretário executivo da Comissão Econômica para África, da ONU (CEA-ONU). Nesse período, deu uma clara inspiração pan-africanista à instituição, mesmo dosando-a com abundante pragmatismo. De lá, formulou as linhas de ação do Plano de Ação de Lagos para o Desenvolvimento Econômico da África 1980-2000.

Adedeji tinha uma disposição ímpar para ajudar e propor projetos alternativos de integração, modernização e desenvolvimento. Era também um crítico das elites africanas, sem dúvida. Em especial, do seu país natal. Mas, ao mesmo tempo, buscava entender concomitantemente as dificuldades intrínsecas em se governar um país africano saído do colonialismo e estruturalmente neocolonial. O espírito pragmático o ajudou a coordenar políticas coletivas, para além de suas posições individuais. As palavras abaixo resumem bem seu ponto de vista nos anos 1980:

> Os governos africanos realmente desejavam, quanto antes, elevar o grau da independência adquirida e, como consequência, melhorar o nível de vida do seu povo, através do aumento nos rendimentos e da implementação dos serviços sociais, bem como das infraestruturas de base. Todos consideravam praticamente um fato consumado e incorporado que a planificação econômica constituísse o meio mais racional, com vistas à realização dessas mudanças. [...] Contudo, esses planos elaborados, muito amiúde, por estrangeiros cujo conhecimento dos países em questão era relativamente insuficiente pecavam pela falta de uma real capacidade em serem conduzidos, pela ausência de um apoio político ou, ainda, pela pouca plausibilidade de sua aplicação. [...] Os níveis em cujas grandes reviravoltas estratégicas devem ser buscadas são outros. Todavia, salvo alguns raríssimos países, tem-se dificuldade em descobrir sinais tangíveis de uma estratégia de descolonização econômica igualmente clara e definida como aquela que presidiu a descolonização política, a qual todos os países africanos subscrevem e vigorosamente perseguem.[25]

25 Adebayo Adedeji, "Estratégias comparadas de descolonização econômica", in: Ali A. Mazrui e Christophe Wondji (Orgs.), op. cit., pp. 471-2.

Nos anos 1980, Adedeji foi o principal articulador de duas propostas grandiosas organizadas pela CEA-ONU: o *African Alternative Framework to Structural Adjustment Programme* (AAF--SAP, 1989) e o *African Charter for Popular Participation* (ACPP, 1990). Na primeira ajudou a criar um conjunto de propostas para reorganizar as economias africanas a médio e longo prazo, que se combinariam com políticas de estabilização política e crescimento a curto prazo. Era algo alternativo ao ajustamento estrutural proposto pelo Banco Mundial e pelo Fundo Monetário Internacional. No segundo criou uma orientação continental para a democratização política, com estratégias propriamente africanas. Em ambos, pretendia-se estabelecer uma estratégia de transformação social que, ao mesmo tempo, combinava o fator espacial (macro/micro) com o temporal (curto/médio/longo prazo), com o objetivo de garantir a dimensão humana da questão ou, em outros termos, garantir o desenvolvimento humano dos envolvidos. Em particular, em relação aos jovens e às mulheres africanas.[26] Uma intenção que se tornará uma ideia constante em futuros projetos para o continente (e para além dele) na ONU,[27] na União Africana[28] e em outras instituições internacionais, em que se destacariam nomes de economistas africanos por ele influenciados direta ou indiretamente, como Thandika Mkandawire (Malawi), Carlos Lopes (Guiné-Bissau), S. K. B. Asante (Gana), Charles C. Soludo (Nigéria), Calestous Juma (Quênia).

Por essa síntese, pode-se observar que não faltavam disposição e boas ideias a Adedeji. Um tanto maldosamente, um discípulo, o economista ganense S. K. B. Asante (1991), chamou-o

26 Sadig Rasheed e Eshetu Chole, "Human Development: An African Perspective". Nova York: Human Development Occasional Papers (1992-2007). HDOCPA-1994-06, Human Development Report Office (HDRO), United Nations Development Programme (UNDP), 1994.   27 Em particular, desde então, no Programa das Nações Unidas para o Desenvolvimento (PNUD). 28 Não tanto na Nepad, mas certamente na Agenda 2063 (2013).

de "Cassandra Africana". Ou seja, um grande intelectual, visionário, profeta, que via claramente o futuro, mas cujas profecias muitas vezes foram ignoradas até que fosse tarde demais...

A definição faz sentido, mas não era sempre assim. Observando as declarações e programas de governo africanos, desde fins da década de 1970, veem-se ideias comuns de como se poderia (ou deveria) encampar uma resistência organizada e coletiva contra a crise mundial que se estabelecia. E tal posicionamento devia muito ao CEA-ONU, coordenado por Adedeji. Pode-se dizer, inclusive, que havia na época certo consenso entre as lideranças de que deveria ser feito algo concreto nesse sentido, dada a fragilidade das economias africanas diante da catástrofe que se avizinhava. E algo coletivo, pois não havia poder nacional que conseguisse se impor às forças externas. O Plano de Ação de Lagos (1980) é um bom exemplo disso, tendo sido organizado com a participação de centenas de especialistas do continente. Ali se construiu um programa comum, baseado em quatro pontos básicos: a) *self-reliance*; b) autossuficiência alimentar; c) integração regional; d) industrialização.

No entanto, mais uma vez, parece que já era tarde demais para organizar uma alternativa comum para o desafio que se aproximava: o neoliberalismo. E a definição de Asante se reafirma. Em primeiro lugar, viu-se a queda de preços das commodities. Em seguida, a crise da dívida externa, que pôs a nu o erro dos anos 1960 e 1970, de contrair grandes financiamentos externos com taxas flutuantes, que subiram com as dificuldades criadas pelas duas crises do petróleo e por efeitos correlatos das mudanças tecnológicas de época. Por fim, os programas de ajuste fiscal do Banco Mundial e do FMI, que se impunham aos que pretendiam receber novos empréstimos internacionais nos anos 1980. Em tais circunstâncias, em menos dez anos, entre 1973 e 1983, o sonho de uma África desenvolvida foi enterrado. E ali teve início a tragédia social do continente, que durou as últimas duas décadas do século passado, revertendo boa parte dos melhoramentos concretos e das expectativas que haviam sido conquistados anteriormente. Quanto mais desaparecia o Estado, mais as comunidades étnicas e religiosas se fortaleciam; mais se propagavam as doenças como a malária e a HIV/AIDS; mais as guerras civis e as intervenções externas se difundiam...

Nesse contexto, uma figura que se tornou símbolo de vida, resistência e alternativa prática foi a acadêmica e ativista queniana Wangari Muta Maathai (1940-2011), que ganhou o Prêmio Nobel da Paz em 2004, por sua luta de vida pela democracia, direitos humanos e conservação ambiental. Ela havia sido a primeira mulher na África Oriental e Central a obter um título de doutora e tornar-se professora universitária. Foi também presidente do Departamento de Anatomia Veterinária da Universidade de Nairóbi. Tornou-se então líder do Conselho Nacional de Mulheres do Quênia, em 1986. E, nesse posto, criou a Rede Pan-Africana de Cinturão Verde, que apoiava grupos de mulheres a plantar árvores para conservação ambiental e para melhorar de forma prática a qualidade de vida. Algo que se tornou massivo na África do Leste. Mais tarde, ocupou vários cargos de prestígio em organizações multilaterais e na política do Quênia. Por sua trajetória acadêmica e política, Maathai figura justamente como umas das pioneiras da defesa do desenvolvimento sustentável, que se tornou recorrente nas organizações e no debate internacional dos anos 1990.

Mas Maathai foi uma exceção ao seu momento. A constatação da tragédia africana, dos anos 1980 e 1990, trouxe um enorme desalento aos intelectuais. Como constata o economista Thandika Mkandawire,[29] desde então boa parte da economia

---

29 Ver mais em: Thandika Mkandawire, "The Political Economy of Financial Reform in Africa". *Journal of International Development*, v. II, n. 3, maio-jun., 1999, pp. 321-42.

política africana, por exemplo, tendeu a reforçar as posições conservadoras do pensamento único neoliberal. Nesse cenário, o afropessimismo tornou-se hegemônico, expressando um sentimento coletivo de fracasso, generalizante e resignado. Desde então, do ponto de vista intelectual, as reflexões mais instigantes sobre as alternativas de desenvolvimento vieram sobretudo para além do campo da economia política.

A contribuição das ciências humanas e sociais

Desde a década de 1970 cresceu enormemente o conhecimento acadêmico em ciências humanas e sociais sobre a África, dentro e fora do continente. Evidentemente, o fato primordial que permitiu tal desenvolvimento foi a criação de um campo acadêmico africano após as descolonizações. Cabe destacar também que, internacionalmente, multiplicaram-se nesse período as áreas de estudos africanos em todo o mundo desenvolvido, ou seja, tanto no centro capitalista, na Europa e nos Estados Unidos, quanto na URSS.

Evidentemente, a Guerra Fria teve aí peso fundamental. Por questões geopolíticas, havia então uma soma considerável de recursos para pesquisas na área, incluindo incentivo financeiro para que milhares de estudantes africanos tivessem a oportunidade de estudar e se formar fora do continente. Algo que, como visto, está na própria base da formação e reprodução do pensamento intelectual africano contemporâneo. Por outro lado, a ampliação do campo criou uma especialização em âmbito mundial, o africanista: termo que muitas vezes passou a ter conotações pejorativas no campo acadêmico africano.

Os anos 1980 foi o período de consolidação das ciências humanas e sociais no continente africano. É preciso tomar cuidado com tal generalização, como sempre. Em alguns países, as disciplinas dessa área já haviam se institucionalizado muito antes. No norte da África e Magreb existem universidades centenárias.[30] Na África do Sul e em alguns outros países (Libéria, Costa do Ouro, Senegal, Uganda), elas se formaram ainda em tempos coloniais. Mas é certo que a independência desses países mudou qualitativamente e quantitativamente o quadro, pois cada nova nação africana construiu pelo menos uma universidade de porte com financiamento público. Eram símbolos nacionais. E acreditava-se que assim poder-se-ia criar as elites responsáveis pela modernização e pelo desenvolvimento nacional.[31] Desde então, o número de universitários cresceu geometricamente, de 181.000, em 1975, para 1.075.000, em 1995.[32]

É fato que essa expansão das universidades foi sendo limitada e restringida por uma crescente deterioração financeira nos anos 1980 e 1990, que impôs sérias limitações ao campo acadêmico africano. Com raríssimas exceções, os recursos nunca foram suficientes para que se promovesse um amplo e consolidado campo de pesquisas.[33] Um cenário que, por sua vez, potencializou a "fuga de cérebros". Segundo Paul Zeleza, entre 1990 e 2005, em todos os anos, cerca de vinte mil africanos com educação superior migraram para o Norte global.[34]

30 Como assinalou Eduardo Devés-Valdés (op. cit., 2008, p. 143), nos anos 1970 houve um movimento de abertura dessas universidades para estudantes provindos da África sul-saariana, buscando ampliar a esfera de influência islâmica no continente. Só na Universidade de Al-Azhar, no Cairo, em 1977, havia cerca de dez mil estudantes vindos dessa região. 31 Mahmood Mamdani e Mamadou Diouf (Orgs.), *Academic Freedom in Africa*. Dakar: Codesria Books, 1995. 32 Amina Mama, "Gender Studies for Africa's Transformation". In: Thandika Mkandawire (Org.), *African Intellectuals: Rethinking Politics, Language, Gender and Development*. Dakar/Londres: Codesria Books/Zed Books, 2005, p. 98. 33 Chegou-se ao ponto de o Banco Mundial, em 1985, citar o ensino superior na África como um "luxo" a que os "países africanos não estavam preparados para fazer face" (Tereza Silva, *O público, o privado e o papel das universidades na África*. Dakar: Codesria Books, 2010, p, 7). 34 Paul T. Zeleza, *Rethinking Africa's Globalization*. Volume I: The Intellectual challenges. Trenton/Asmara: Africa World Press, 2003, p. 209.

E a situação teria sido pior não fosse a existência de redes e instituições transnacionais, que recebiam (e ainda recebem) recursos de fora do continente. Nesse contexto, a Codesria (fundada em 1973, em Dakar, Senegal), sem dúvida, teve papel fundamental, sustentando boa parte da pesquisa acadêmica de excelência no continente.[35] Mas cabe lembrar também de outras instituições regionais, como a Associação das Mulheres Africanas por Pesquisa e Desenvolvimento (fundada em 1977, em inglês: AAWORD), a Organização para Pesquisa das Ciências Sociais da África do Leste (Adis Abeba, Etiópia; em inglês: OSSREA) e a Southern Political Economy Trust (Harare, Zimbábue; em inglês: SAPES); assim como certas ONGs posteriormente, como o Centro de Pesquisa Básica (Kampala, Uganda), Centro de Estudos Sociais Avançados (Porto Harcourt, Nigéria), Centro de Pesquisa e Documentação (Kano, Nigéria) e o Fórum de Estudos Sociais (Adis Abeba, Etiópia).

Tais fatos são relevantes para entender as características da consolidação do campo de ciências humanas e sociais na África. Sua efetivação tornou o pensamento intelectual africano mais amplo e especializado. Por outro lado, a institucionalização mudou certas balizas clássicas desse pensamento. Esse acontecimento teve consequências diferentes para cada área.

No período do pós-guerra, por exemplo, existia um grande apreço das elites africanas pela História. Com o apoio delas, ao longo das décadas de 1950 e 1970, formaram-se as três instituições que se tornaram as principais escolas de pensamento historiográfico africano desde então: a Universidade de Dakar (Senegal), a Universidade de Ibadan (Nigéria) e a Universidade de Dar es Salaam (Tanzânia). A razão para isso, como já foi notado por vários comentaristas, parece ter sido certa

---

35 Em português, ver o trabalho de Michelle Cirne Ilges (2016) e Anselmo P. Chizenga e Frederico M. A. Cabral (2016).

relação umbilical dos historiadores de época com uma visão tendencialmente evolucionista e glorificadora das sociedades complexas na África.[36] Algo muito útil à necessidade de construção ideológica do Estado-nação, que se pretendia consolidar à época.

No entanto, cabe acrescentar dois fatos. O primeiro é que a crítica a essa visão, antes de ser obra de africanistas, foi desenvolvida dentro do próprio continente já na década de 1970. Sobretudo em Dar es Salaam. Em oposição à "história nacionalista", dizia-se, era preciso construir uma história das pessoas comuns e de suas resistências contra os poderes constituídos.[37] Por outro lado, não se deve exagerar as consequências dessa "relação". Para os detentores do poder, especialmente os que aderiram ao anti-intelectualismo, mesmo essa História não era benquista. Ademais, ignorava-se boa parte das pesquisas dessa mesma tradição "nacionalista" que não lhes interessava diretamente. Era o caso, por exemplo, dos estudos sobre grupos étnicos africanos, que a geração do pós-guerra já havia iniciado. Da mesma forma, os estudos sobre as relações sistêmicas entre as várias regiões e povos africanos a longo prazo.[38]

Um caso mais polêmico é o da antropologia. Como se sabe, essa área disciplinar nasceu devido às necessidades da dominação colonial. Ou seja, ali as ciências humanas e sociais mostraram sua pior face como máquina de essencialização do "Outro".

36 Caroline Neale, *Writing "Independent" History: African Historiography, 1960-1980*. Nova York: Greenwood Press, 1985.   37 Arnold Temu e Bonaventure Swai, *Historians and Africanist History: A Critique*. Londres: Zed Books, 1981.
38 Ver também Ajayi, op. cit. E, nesse escopo, além dos decanos de outrora (J. Ki-Zerbo, Bethwell Ogot, Ajayi, C. A. Diop, D. T. Niane etc.), vale lembrar uma nova geração de historiadores africanos advinda dos anos 1970, como: Adiele E. Afigbo (Nigéria), Mamadou Diouf (Senegal), Boubacar Barry (Senegal), Pathé Diagne (Senegal), Augustin Holl (Camarões), Toyin Falola (Nigéria), Emmanuel Akyeampong (Gana), Elikia M'Bokolo (Congo), Paul T. Zeleza (Malawi) e Jacques Depelchin (Congo).

Em especial na África. Isso já era motivo suficiente para seu esquecimento no imediato pós-colonial, apesar da renovação que alguns africanistas trouxeram para a área na época, como o fez George Balandier. Mas houve outros fatos correlatos para tal distanciamento. Seu foco no mundo rural e nas etnias também não era algo benquisto naquele momento, à medida que privilegiava o oposto daquilo que as elites africanas gostariam de promover: a "destribalização". Por fim, cabe lembrar o caos social e a epidemia de AIDS dos anos 1980 e 1990, que afastou muitos pesquisadores do trabalho de campo, tão relevante para a área. Por essas e outras razões não é de estranhar que a antropologia tenha sido a "prima pobre" entre as ciências humanas e sociais na África; talvez com a exceção da África do Sul. Isso, apesar da relevância atual que a área poderia ter para se pensar certos dilemas sociais e culturais envolvidos nas questões africanas contemporâneas, como defende a escritora e antropóloga ugandense Christine Obbo (2006).

Justamente por isso, os clássicos do pensamento antropológico na África são intelectuais que se notabilizaram por produzir, além dos seus trabalhos de pesquisa, ensaios críticos a sua própria tradição disciplinar, como o sul-africano Archie Mafeje (1936-2007) e o nigeriano Bassey Andah (1942-1997), também arqueólogo.[39] O primeiro, autor do livro internacionalmente conhecido *Teoria e etnografia das formações sociais africanas* (1991);[40] o segundo, autor de *A antropologia africana* (1988), infelizmente pouco conhecido fora da África. Em ambos se vê o embasamento de uma perspectiva africana para as ciências socais e humanas, enfocando, entre outros elementos, a ação

---

39 Outra referência importante nesse sentido é o livro organizado por Jean-Loup Amselle e Elikia M'Bokolo, *No centro da etnia: Etnias, tribalismo e Estado na África*. Petrópolis: Vozes, 2017.   **40** Em português, ver: Michelle C. Ilges (2016) e Antonádia Borges et al. (2015).

dos africanos como sujeitos de adequações ecossistêmicas na longa duração.

No campo da sociologia e da ciência política, os temas primordiais dos anos 1980 e 1990 foram a democratização, o desenvolvimento, as populações e o pluralismo político nos países africanos. Nesse contexto, destacaram-se algumas questões mais específicas relacionadas a tais temáticas gerais: a) a propagação da democracia liberal e o pluripartidarismo; b) a continuidade (ou ressurgimento) do poder das autoridades tradicionais, da religião e do pertencimento étnico; c) o nascimento de uma sociedade civil africana, em grande parte ancorada nas ONGs e no papel ativo das mulheres e jovens africanos; d) a trajetória recente dos movimentos sociais; e) a reflexão sobre bases epistemológicas próprias para as ciências sociais africanas; f) os estudos sobre as novas relações de trabalho e a questão agrária; g) a diminuição do poder estatal sob o neoliberalismo; h) a questão de gênero e sexualidade na África; i) análise e alternativas de desenvolvimento econômico; j) a reflexão crítica das concepções teocráticas da relação entre religião/política, em especial na África árabe-muçulmana.[41]

Tais estudos buscaram mapear a nova África que estava surgindo nos anos 1990. Tratava-se de um continente mais plural

---

41 Citando-se apenas autores africanos, cabe lembrar nesse escopo, entre outros: Claude Ake (Nigéria), Dani Wadada Nabudere (Uganda), Issa Shivji (Tanzânia), Akínsolá Akìwowo (Nigéria), Dessalegn Rahmato (Etiópia), Harold Wolpe (África do Sul), Martin Legassick (África do Sul), Frederick Johnston (África do Sul), Bernard Makhosezwe Magubane (África do Sul), Jimi Adesina (África do Sul), Abdelkebir Khatibi (Marrocos), Ife Amadiume (Nigéria), Anouar Abdel-Malek (Egito), Mahmood Mamdani (Quênia), Teresa Cruz e Silva (Moçambique), Sam Moyo (Zimbábue), Zenebeworke Tadesse (Etiópia), Fatima Harrak (Marrocos), Fatou Sow (Senegal), Dzodzi Tsikata (Gana), Elísio Macamo (Moçambique), Carlos Lopes (Guiné-Bissau), P. Zeleza (Malawi), Ernest Wamba dia Wamba (Congo), Amina Mama (Nigéria), Fatema Mernissi (Marrocos), Kwesi Kwaa Prah (Gana), Mamadou Diawara (Mali).

e democrático, sem dúvida. Muitos inclusive previam a possibilidade de que a democracia em parâmetros ocidentais conseguisse promover certa estabilidade política ao continente, que havia passado por tantos golpes de Estado no passado recente. A derrubada do apartheid (1994) foi o símbolo maior e positivo desse novo momento histórico. Mas não se podia negar que, mais do que antes, era uma conjuntura também de marginalização da África no sistema internacional, tanto do ponto de vista econômico quanto do geopolítico.[42]

O campo da filosofia talvez seja o mais conhecido entre as ciências humanas e sociais no continente. Antes dos anos 1980, a filosofia africana como disciplina acadêmica se fazia fora da África. Mais especificamente em universidades europeias na época de ascensão do pensamento pós-estruturalista, nos anos 1970. Esse fato tem sua relevância para o nascimento desse campo na África.

O primeiro autor de importância indiscutível nesse âmbito foi o filósofo de Benim Paulin Hountondji (1942). Em sua obra clássica, *Sobre a "filosofia africana": Crítica da etnofilosofia* (1977), ele fez a crítica da chamada "etnofilosofia", que dominaria os estudos africanos. Nela, dizia que o pensamento intelectual na África (ou sobre a África) era dominado pelo "unanismo", ou seja, pela tendência de ver e analisar o continente como algo uno, tendo uma única identidade. As críticas de

---

42 Por causa da continuação dessa situação estrutural, em fins dos anos 1990, segundo Adebayo Olukoshi ("Changing Patterns of Politics in Africa". In: Atilio Boron e Lechini Gladys (Orgs.), *Politics and Social Movements in an Hegemonic World: Lessons from Africa, Asia and Latin America*. Buenos Aires: CLACSO, 2005), as principais questões que preocupavam a áreas das ciências sociais na África eram relativas — direta ou indiretamente — à continuação do neoliberalismo no continente: a) incapacidade estatal de regular a organização social e econômica dos países e prover o desenvolvimento; b) insatisfação crescente da juventude; c) expansão da pobreza e do desemprego; d) epidemia de AIDS.

Hountondji se dirigiam especialmente aos filósofos e aos antropólogos — africanos e não africanos — que vinham produzindo um conhecimento sobre a África desde o pós-guerra. Em geral, tratando-a como uma essência cultural, uma autenticidade, como Placide Tempels (*A filosofia banto*, 1945) e Alexis Kagame (*A filosofia banto-ruandesa do ser*, 1955). É evidente, contudo, que sua crítica poderia ser estendida — e foi posteriormente — tanto aos teóricos da Negritude — em especial, Senghor — quanto aos da personalidade africana aqui citados, como Blyden ou Nkrumah. Paralelamente a Hountondji, outros filósofos como Fabien E. Boulaga e Marcien Towa trabalharam e levaram adiante de forma paralela essa nova crítica.[43]

Desde um ponto de vista filosófico, que foi o adotado por esses e outros pensadores africanos nos anos 1980, a crítica a certo essencialismo do pensamento africano era algo relativamente óbvio. Afinal, em última instância, é evidente que a "África" era (e continua sendo) algo imaginário. Mesmo do ponto de vista geográfico, vale lembrar que a ideia de que há continentes foi historicamente construída no processo de expansão europeia.[44] No entanto, cabe uma pergunta: como se poderia fazer uma luta pela descolonização e libertação *africana* sem realizar certa "essencialização" da África, que se pretendia libertar?

Os filósofos africanos se colocaram de formas diferentes sobre essa questão. De modo geral, existiam aqueles que, como o queniano Henry Odera Oruka,[45] admitiram a necessidade de tal simplificação como algo intrínseco à filosofia

---

43 José R. Macedo, *O pensamento africano no século XX*. São Paulo: Outras Expressões, 2016, p. 316; Roberto J. Silva, "Marcien Towa, da crítica aos pressupostos da negritude senghoriana à possibilidade da filosofia africana". In: José R. Macedo (Org.), ibid.   **44** Christian Grataloup, *L'invention des Continent, Comment l'Europe a Découpé le Monde*. Paris: Larousse, 2009. **45** Henry O. Okura, "Philosophy and the Search for a National Culture". *Sunday Nation*, n. 30, 31 ago. 1980.

nacionalista-ideológica que se buscava construir entre os anos 1950 e 1970. Uma filosofia que se queria enraizada nas massas.[46] Por outro lado, existiram aqueles que se contrapuseram frontalmente à interpretação e à herança nacionalista e pan-africanista, enfatizando os pontos negativos dessa relação de saber-poder que reproduziria uma visão "redutora" e "vitimista" da África e dos africanos. É uma crítica de viés desconstrucionista e "pós-colonial", que se viu em autores como Kwame Appiah e Achille Mbembe.[47] Para eles, as premissas e o discurso nacionalista e "racialista" esconderiam as características autoritárias do pensamento africano.[48]

Ao mesmo tempo, desde os anos 1980, houve a tentativa de se livrar das perspectivas mais sistêmicas, que tinham emergido e se consolidado na hegemonia da economia política dos anos 1970, enfocando as trajetórias, as visões de mundo e as resistências das pessoas comuns. Trata-se de uma perspectiva acadêmica que se ampliou e complexificou nos anos 2000, e que retomou a problemática do desenvolvimento e da formação do

46 Ainda que, por muitas vezes, sendo escrita em línguas europeias, servia mais como uma forma de diálogo com o mundo intelectual de fora da África do que como uma doutrina política interna. 47 Ver Kwame A. Appiah, *Na casa de meu pai: A África na filosofia da cultura*. Rio de Janeiro: Contraponto, 1997; e também: Achille Mbembe, "As formas africanas de autoinscrição". *Estudos Afro-Asiáticos*, v. 23, n. 1, 2001, pp. 171-209. Os trabalhos mais recentes de A. Mbembe sobre a necropolítica advêm desse debate anterior, mas trazem questões políticas (antirracistas) que também vão para além dele. Por esse motivo tem sido retomado pelo ativismo afro-diaspórico nas Américas.
48 Em última instância, é uma argumentação que visa compreender os males africanos direcionando o foco de suas críticas às próprias elites locais. Uma interpretação que geralmente se vê (e é vista) como oposta àquelas de outrora (1950-70), que estariam entendendo os males africanos como simples epifenômeno da dominação europeia-ocidental; seja ela representada pelo tráfico escravista, pela Era colonial, pelo imperialismo ou pelo neocolonialismo. Nesse sentido, muitos trabalhos recentes sobre a África devem ser vistos como sintomas da crise moral advinda da derrocada dos Estados africanos pós-descolonização. É um flerte sofisticado com o afropessimismo.

Estado-nação em novos termos, buscando as raízes locais de um possível viés endógeno para tais questões. No campo filosófico, defendeu-se a ideia de que a partir de tal viés, por exemplo, seria possível potencializar as ciências e os valores africanos como caminhos próprios de organização social, como propuseram, entre outros, Claude Ake, Paulin Hountondji, Kwasi Wiredu, Mahmood Mamdani, Karp e Masolo, Gyekye, Samuel Ekanem, Moses Òké, Josephat Oguejiofor e, mais recentemente, Lansana Keita. Afinal, em última instância, a África não teria suas próprias concepções de direitos humanos, de democracia, de política, de tecnologia etc., que caberia renovar e projetar para a formação de uma nova África? Se sim, seria necessário copiar o modelo de desenvolvimento e modernização europeu, tal qual foi feito pela maior parte das elites africanas de outrora?

Buscando responder a essa e outras perguntas, a filosofia africana se construiu, entre os anos 1990 e 2000, mais voltada para a construção do que para a desconstrução.[49] De certo modo, não seria errado observar que ela foi a porta-voz de uma

---

49 Em relação à África sul-saariana, Eduardo Devés-Valdés (op. cit., 2008, p. 154) entende que a nova crítica filosófica se expressou em três vertentes primordiais: a) a possibilidade e sentido de uma filosofia africana; b) os aportes das cosmovisões ancestrais africanas; c) a sistematização do pensamento africano letrado; em especial dos filósofos antigos africanos, desde o Egito Faraônico até os modernos, como Ibn Khaldun (Tunísia, 1332-1406), Zera Yacob (Etiópia, 1599-1692) e Anton W. Amo (Costa do Ouro, 1703-1758). Tratando-se da África com um todo, caberia também destacar a nova crítica filosófica à teologia islâmica, entre certos filósofos árabes-muçulmanos. Nesse contexto amplo, além dos já citados P. Hountondji (Benim), F. Boulaga (Camarões), K. Appiah (Gana), A. Mbembe (Camarões), M. Towa (Camarões), V. Mudimbe (Congo), K. Gyekye (Gana) e H. O. Oruka (Quênia), vale destacar teólogos como Allan Boesak (África do Sul) e Desmond Tutu (África do Sul) e filósofos e filósofas, como Sophie B. Oluwole (Nigéria), Mogobe Ramose (África do Sul), Kwasi Wiredu (Gana), Emmanuel C. Eze (Nigéria), Severino Ngoenha (Moçambique), Théophile Obenga (Congo), D. A. Masolo (Quênia), Tsenay Serequeberhan (Eritreia), Abiola Irele (Nigéria), Malek Chebel (Argélia), Mohammed Abed al-Jabri (Marrocos).

multiplicação de novos sentidos ao pensamento africano, após uma era de domínios hegemônicos, centrados no nacionalismo cultural, na política e na economia política. Mais do que novos sentidos, a filosofia africana possibilitou a multiplicação dos dissensos africanos, que andavam reprimidos por tais discursos hegemônicos. Para esses, contra os "estruturalismos" e as interpretações mais "sistêmicas" dos anos 1960 e 1970, cabia agora retomar a narrativa das pessoas comuns. E, nesse contexto, vale destacar que a literatura africana também foi absolutamente primordial, embora não haja aqui espaço para esmiuçar sua contribuição.[50]

A disciplina de relações internacionais é a mais nova entre as ciências humanas e sociais na África. Em verdade, ela ainda luta para se estabelecer como uma ciência em ato e não em hábito, que se limita aos estudos de caso e a reprodução de tradições europeias e estadunidenses.[51] Há no pensamento africano muitas análises de qualidade sobre a temática de relações internacionais que podem basear tal construção alternativa, como em G. Padmore, K. Nkrumah, J. Nyerere, S. Amin ou A. Mazrui. Ademais, a herança pan-africanista renasceu no continente depois

---

50 Vale citar, entre outros, Chinua Achebe (Nigéria), Pepetela (Angola), Alda do Espirito Santo (São Tomé e Príncipe), Wole Soyinka (Nigéria), Ngũgĩ wa Thiong'o (Quênia), Viriato C. da Cruz (Angola), Uanhenga Xitu (Angola), José J. Craveirinha (Moçambique), José L. Vieira (Angola), Ayi Kwei Armah (Gana), Nadine Gordimer (África do Sul), Ben Okri (Nigéria), Mariama Bâ (Senegal), Naguib Mahfuz (Egito), Yusuf Idris (Egito), Tawfiq al-Hakim (Egito), Taha Hussein (Egito), Malara Ogundipe-Leslie (Nigéria), J. M. Coetzee (África do Sul), Meja Mwangi (Quênia), Abena Busia (Gana), Nuruddin Farah (Somália), André Brink (África do Sul), Mia Couto (Moçambique). Recentemente tem-se destacado o papel das mulheres africanas, em especial, uma força que vem ganhando ainda mais potência e importância com a presença crescente das jovens escritoras do continente, como Chimamanda Ngozi Adichie (Nigéria), Aminatta Forna (Serra Leoa), Tsitsi Dangaremba (Zimbábue), Leila Aboulela (Sudão), Aminatta Forna (Serra Leoa) e muitas outras. **51** Alberto G. Ramos, 1995.

da fundação da União Africana, em 2002. Um fato que envolve novas problemáticas e possibilidades, que podem ser tratadas desde tal área disciplinar. Penso que por esses dois caminhos pode-se construir um pensamento africano em relações internacionais, como mostram os trabalhos recentes de Tim Murithi.[52]

Entre os novos temas que emergiram nos anos 1990 e 2000 cabe destacar, em particular, a questão de gênero, que se tornou um dos eixos de maior dinamicidade do pensamento africano desde então.[53] Inclusive quando se debate contemporaneamente a questão do desenvolvimento e do autodesenvolvimento. Boa parte desse trabalho contemporâneo sobre o tema vem sendo articulada pela Rede de Estudos Feministas, do Instituto Africano sobre Gênero. Como em outros lugares no mundo, viu-se aí a construção de um saber radical e interdisciplinar (ou mesmo transdisciplinar) do conhecimento, rompendo com os padrões usuais de produção e especialização científica de outrora, marcadamente androcêntricos.

Segundo Amina Mama, uma das estudiosas mais respeitadas desse campo na África, apesar do inegável avanço que a área obteve dentro do espaço acadêmico africano, desde os anos 1990, haveria também certos desafios que ainda deveriam ser superados, como: a) falta de recursos sustentáveis;

---

52 Ver Timothy Murithi, 2005; 2007; 2014. 53 Como bem resume Amina Mama, a pauta de gênero entrou nas ciências humanas na África de forma inegável e, por quatro razões primordiais: a) desenvolvimento de uma consciência política acerca do papel fundamental das mulheres africanas, inspirada nas suas próprias lutas; b) a internalização (no continente) do feminismo, e por consequência a formação de um discurso de gênero, por vezes impulsionado pelas agências de fomento e ONGs internacionais ou pelos próprios governos nacionais, interessados no envolvimento das mulheres nos seus projetos de modernização; c) o crescimento gradual mas constante de mulheres nos campus universitários; d) o recorrente direcionamento prático e político da inteligência do universitário africano, que viu nos estudos de gênero uma possibilidade inovadora de prática teórica transdisciplinar (Mama, op. cit., p. 96).

b) necessidade de "desmitologização" do estereótipo da mulher africana, do feminismo africano e da "feminilidade" africana; c) crítica da instrumentalização não refletida desse novo conhecimento — em estudos de gênero —, na formação de políticas públicas ou de projetos de desenvolvimento apressadamente desenhados; d) ignorância dos acadêmicos e políticos africanos — homens — acerca do papel transformador dessa área de conhecimento. A autora ressalta ainda o papel dúbio que a agenda do desenvolvimento e a referida consolidação das ciências humanas e sociais teriam criado para a agenda de gênero. Isso porque, embora tendam a conceder um espaço para essa agenda, se inclinariam a fazê-lo correntemente desde uma localização preestabelecida e restrita, em que se perderia a radicalidade imanente de tal empreitada.[54]

Por outro lado, no plano intelectual mais amplo, os estudos de gênero têm permitido uma revisitação e revalorização do papel das mulheres no pensamento e no ativismo africano. Algo que interessa diretamente a este ensaio. Cabe citar uma série de personagens africanas comumente omitidas ou esquecidas, cujo valor histórico se começa a retomar internacionalmente: rainha Nzinga Mbandi (Reino do Congo, 1583-1663), Kimpa Vita (Reino do Congo, 1684-1706), rainha Ndaté Yalla Mbodj (Senegal, 1810-1860), Sarraounia Mangou (Níger, século XIX), rainha Taytu Betul (Etiópia, 1852-1918), rainha Yaa Asantewaa (Reino de Gana, 1740-1821), Charlotte Maxeke (África do Sul, 1874-1937), Lilian Masediba Ngoyi (África do Sul, 1911-1980), Alda do Espírito Santo (São Tomé e Príncipe 1926-2010), Alimotou Pelewura (Nigéria, 1865-1951), Aline Sitoe Diatta (Senegal, 1920-1944), Gisèle Rabehasala (Madagascar, 1929-2011), Aoua Keita (Mali, 1912-1980), Funmilayo Ransome-Kuti (Nigéria, 1900-1978), Ernestina Silà (Guiné-Bissau,

---

54 Ibid., p. 113.

1943-1973), Jeanne Martin Cissé (Senegal, 1926), Angie Elisabeth Brooks (Libéria, 1928-2007), Deolinda Rodrigues de Almeida (Angola, 1939-1967), Winnie Mandela (África do Sul, 1936) e Miriam Makeba (África do Sul, 1932-2008).[55]

Democratização social e capitalismo contemporâneo

Como se sabe, a partir do início do século XXI, houve um crescimento econômico notável no Sul global, que só veio a arrefecer recentemente. Na África, após 2015. Hoje é conhecida a principal explicação para esse fenômeno inesperado: o aumento da demanda por commodities de produtos primários (agro e minerais) no mundo, sobretudo em decorrência do alto crescimento da China. Tal fato, por sua vez, tanto por razões econômicas quanto geopolíticas, impulsionou uma nova corrida das antigas potências (Estados Unidos, Europa) ao hemisfério sul contra a expansão chinesa e sua aliança com a Rússia de Putin. Em especial na África e no Oriente Médio, mas após 2012 também na América Latina. É a chamada "Nova Guerra Fria".[56]

Para a África tal fato histórico formou um quadro complexo. Nas regiões e países em que se conseguiu manter a estabilidade política, em especial na África Austral e parte da África

55 Também se vê tal busca focando as mulheres da diáspora africana, em especial retomando o papel crucial que elas tiveram na formação e disseminação do movimento pan-africanista, destacando-se nomes como Ella Barrier (1852-1945), Anna Julia Cooper (1858-1964), Anna Jones, Amy Ashwood (1897-1969), Amy Jacques Garvey (1895-1973), Paulette Nardal (1900-1993), Jeanne Nardal (1896-1985), Claudia Jones (1915-1964). Ajamu Nangwaya, *Pan--Africanism, Feminism and Finding Missing Pan-Africanist Woman* (2016). Disponível em: <https://www.pambazuka.org/pan-africanism/pan-africanism--feminism-and-finding-missing-pan-africanist-women>. Acesso em: 29 jun. 2020. Ver também, Unesco, op. cit.   56 Luiz A. Bandeira, *A segunda guerra fria: geopolítica e dimensão estratégica dos Estados Unidos*. Rio de Janeiro: Civilização Brasileira, 2013.

do Leste (Quênia, Tanzânia, Etiópia), a demanda por commodities permitiu altas taxas progressivas de crescimento econômico. Em alguns países isso se converteu em desenvolvimento humano de fato; em outros, apenas aumentou o enriquecimento das elites locais. Mas o regionalismo africano segue forte nessas grandes áreas, como se pode observar no histórico da Comunidade para o Desenvolvimento da África Austral (em inglês: SADC). Por outro lado, em regiões como a África do Norte, "Chifre da África" e Sahel, os novos interesses externos se somaram a fatores internos — corrupção, instabilidade política, guerras civis —, formando um caos social e político; e o símbolo maior desses foi o golpe de Estado e o assassinato de Muammar Gaddafi com o consentimento da Otan, em 2011. Na África Ocidental tem-se uma situação intermediária, mas que tende a se agravar dada a balcanização local. Provavelmente, o futuro próximo dependerá de como a Nigéria vai conseguir se estruturar e liderar a região. Em toda a África, no entanto, esse "desenvolvimento" muito restrito e unidimensional via exportação de commodities, aliado à intensa importação de produtos manufaturados chineses, levou há um estado de desindustrialização progressiva, que vem reperiferizando as economias do continente e formando países rentistas.[57] Nesse contexto, apesar do crescimento eco-

---

57 No caso africano, tal tendência tem sido em parte revertida recentemente, especialmente na África Austral e na Nigéria, por causa da presença cada vez mais massiva de fábricas chinesas, em busca de matérias-primas e mão de obra barata (Irene Y. Sun, *The Next Factory of the World: How Chinese Investment is Reshaping Africa*. Boston: Harvard Business Press, 2017). A situação por si só não cria uma industrialização autodesenvolvida, mas pode ser um elemento inicial, se houver um projeto estratégico para isso. Teoricamente, há um interessante debate sobre o assunto envolvendo Arghiri Emmanuel, Celso Furtado e Hartmut Elsenhans, no livro de A. Emmanuel, *Appropriate or Underdeveloped Technology*, 1982. Sobre o caso africano ver, entre outros, Carlos Lopes, *Africa in Transformation:*

nômico recente, a pobreza e a desigualdade social persistem como problemas graves. E é evidente que a situação não impulsionará tão cedo nenhuma forma de autodesenvolvimento.

O mesmo processo estrutural vem ocorrendo em outras regiões do Sul global, como a América Latina. Sem conseguir avançar na Segunda (1870) e na Terceira (1970) Revolução Industrial, os países subdesenvolvidos vêm perdendo até a capacidade de se manter no nível da Primeira Revolução Industrial (1780), enquanto sociedades industrializadas. Suas classes dominantes tendem a consagrar-se no papel de burguesias intermediárias, cuja acumulação depende cada vez mais da especulação financeira e da posição subalterna no sistema internacional, como exportador de commodities.

É nessa conjuntura desafiadora que se retomam as alternativas de autodesenvolvimento discutidas. Como visto, entre os anos 1960 e 1970, a problemática do desenvolvimento foi tratada sobretudo pela economia política africana, clássica, formada na primeira geração dos economistas africanos. Inicialmente, buscou-se mostrar como as premissas da Economia do Desenvolvimento e do binômio modernização/desenvolvimento foi relevante para essa primeira geração. Em particular, em virtude da influência e participação direta de intelectuais de renome que por lá estavam, como Arthur Lewis em Gana. Posteriormente, em fins da década de 1960, com o acirramento da geopolítica da Guerra Fria na África e a chegada de novas teorias de economia política no continente (teorias da dependência, desenvolvimento-subdesenvolvimento, capitalismo monopolista), a ênfase inicial foi se diversificando e complexificando, embora ainda se mantivesse o entendimento de um desenvolvimento nacional como caminho de industrialização/

Economic Development in the Age of Doubt. Springer International Publishing/ Palgrave Macmillan, 2019, e o citado livro de Irene Y. Sun.

modernização. A questão-chave era como fazer esse caminho próprio apoderar-se positivamente das condições conjunturais do sistema internacional, que ainda se mantinham razoavelmente favoráveis. Isso mudou drasticamente com o início da crise dos anos 1970 e, posteriormente, com a adoção do neoliberalismo. Nesse cenário, as alternativas escassearam, apesar das novas tentativas de construção do socialismo real (Angola, Moçambique, Burkina Faso, Etiópia).

Gradativamente, os anos 1980 e 1990 levaram a uma crise de alternativas efetivas de longo prazo, diante da desestruturação da URSS e da consolidação do neoliberalismo. Daí que o chamado afropessimismo tenha se tornado o mantra da época. No entanto, em paralelo à ascensão e queda do pensamento da economia política africana, fortaleceu-se o campo das ciências humanas e sociais, mesmo com a crise financeira colocada. E, consequentemente, se ampliaram as percepções sobre o desenvolvimento e as alternativas de autodesenvolvimento. Não apenas em sua expressão conceitual e epistemológica, mas também na reflexão sobre quem seriam os agentes e os receptores desse desenvolvimento.

O que boa parte do pensamento africano buscou mostrar ao longo dos últimos três decênios é que o desenvolvimento deveria ser encarado como um fato total. Ou seja, como autodesenvolvimento. Nesse fato total, o crescimento econômico é o critério mais visível. Mas é também o mais enganoso, pois ao se focar apenas nele, esquecemos que se está falando de um fenômeno social com múltiplas faces e consequências, implicando um debate sobre a identidade, a cultura, o gênero, a democratização social, os direitos humanos, a ciência e a tecnologia. Só com essa visão ampla e complexa sobre o desenvolvimento, ou, melhor ainda, de autodesenvolvimento, pode-se começar a responder às múltiplas questões que surgem quando pensamos nesse conceito, como: O que é o desenvolvimento? Como realizá-lo? O que ele implica? Para quem é (ou não é) o desenvolvimento? Deve-se impor o desenvolvimento?

Tais questões comumente colocaram outro dilema intelectual e político para a elite intelectual africana, tendo em conta sua face inegavelmente ocidentalizada: como transformar o conhecimento adquirido no exterior em algo útil à libertação e ao autodesenvolvimento da África e dos africanos? Inclusive para além das clivagens político-ideológicas, essa questão vem se recolocando de tempos em tempos por todos aqueles que se veem existencialmente comprometidos com a África. Como já dizia Claude Ake: "enquanto não lutarmos por um desenvolvimento endógeno na ciência e no conhecimento, não poderemos emancipar-nos".[58] Trata-se de uma questão que continua sendo considerada relevante pelos intelectuais africanos.

Teoricamente, uma das boas caracterizações atuais desse dilema foi realizada por Paulin Hountondji, na sua luta contra o pensamento científico "extrovertido" na África. Diz o autor em relação aos "estudos africanos":

> Os estudos africanos na África não deveriam contentar-se em contribuir apenas para a acumulação do conhecimento sobre a África, um tipo de conhecimento que é capitalizado no Norte global e por ele gerido, tal como acontece com todos os outros setores do conhecimento científico. Os investigadores africanos envolvidos nos estudos africanos deverão ter uma outra prioridade: desenvolver, antes de mais nada, uma tradição de conhecimento em todas as disciplinas e com base na África, uma tradição em que as questões a estudar

---

58 Claude Ake 1986 apud Carlos Cardoso, "Da possibilidade de fazer ciências sociais em África". In: Tereza C. Silva et al. (Orgs.), *Como fazer ciências sociais e humanas em África: Questões epistemológicas, metodológicas, teóricas e práticas*. Textos em homenagem a Aquino Bragança. Dakar: Codesria/CLACSO, 2012, p. 142.

sejam desencadeadas pelas próprias sociedades africanas e a agenda da investigação por elas direta ou indiretamente determinada. Então, será de esperar que os acadêmicos não africanos contribuam para a resolução dessas questões e para a implementação dessa agenda de investigação a partir da sua própria perspectiva e contexto histórico.[59]

A crítica de Hountondji é justa. No entanto, ela esbarra numa desigualdade estrutural de difícil superação. Afinal, com é admitido pelo próprio autor, a situação periférica do campo científico na África o condiciona a estar sempre ancorando sua produção científica nas línguas, revistas, público e instituições do Norte global. Como diz o próprio autor, trata-se da característica estruturadora do pensamento extrovertido que se pretende superar. No entanto, Hountondji acredita, como se vê, que parte da solução poderia ser construída pelos próprios acadêmicos africanos, à medida que caberia a eles construir uma agenda de pesquisas e de questões propriamente africanas. Em suma, haveria o que fazer contra a subalternização científica, em prol da construção de um saber endógeno apropriado à África.

É nesse ponto que o trabalho da Codesria, em especial, é particularmente relevante. Embora não seja imune a polêmicas de toda ordem, a Codesria tem buscado, desde os anos 1970, criar certa consensualidade quanto à necessidade de criação de uma agenda de pesquisas voltada para a própria África, independente das clivagens de grupo e político-ideológicas, que são inevitáveis em qualquer campo intelectual. Não por acaso, o Plano Estratégico da Codesria entre 2007 e 2011 foi o de "repensar o

---

59 Paulin J. Hountondji, "Conhecimento de África, conhecimento de africanos: duas perspectivas sobre os estudos africanos". *Revista Crítica de Ciências Sociais*, v. 80, pp. 149-60, 2008.

desenvolvimento africano". Todavia, seria essa institucionalidade suficiente para garantir a autonomia do pensamento africano, em termos de arcabouço epistemológico e construção de agendas de pesquisa? Nos termos de Hountondji, seria suficiente para construir o pensamento introvertido africano, ou seja, voltado para as questões das suas próprias sociedades?

A pergunta tem algo de retórico. Evidentemente, nenhum arcabouço institucional pode por si mesmo garantir tal fato. Afinal, são as ações dos indivíduos que movem tais instituições.[60] Mas a pergunta aponta para outra. A forma como Hountondji coloca a questão, nesse artigo específico, tende a naturalizar o papel do intelectual — africano — como mediador de sua sociedade. É preciso ir além e perguntar como isso ocorreria. Hountondji buscou responder a esse desafio na obra coletiva *Os saberes endógenos* (1994). Ali, ele diz que caberia ao intelectual africano trabalhar a partir do conhecimento racional contido no saber-fazer das pessoas comuns, tendo em conta seus diferentes modos de transmissão. Isso seria o saber endógeno africano.[61]

Outra resposta possível a esse dilema foi do já citado antropólogo sul-africano Archie Mafeje (1936-2007), outra referência teórica da intelectualidade africana contemporânea. Mafeje se formou em antropologia na África do Sul e na Inglaterra, nos anos 1960. E, desde a década de 1970, em livros

---

60 No caso da Codesria, isso ficou evidente na controversa e problemática passagem do filósofo Achille Mbembe como secretário executivo da instituição entre 1996 e 2000. Um contundente crítico do pensamento africano à época, Mbembe buscou, em sua posição recém-conquistada, defender uma visão mais internacionalista (em seus termos, "cosmopolita") da Codesria, buscando consolidar uma aproximação maior com o campo acadêmico do Norte, em termos intelectuais e financeiros. A postura de Mbembe acabou criando uma grave crise financeira, institucional e política-ideológica na instituição (Michelle C. Ilges, *A produção de ciências sociais no continente e a agência do Codesria*. São Paulo: FFLCH-USP, 2016. Tese (Doutorado em Antropologia Social), p. 180ss). 61 José R. Macedo, op. cit., p. 219.

como *A ideologia do tribalismo* (1971), buscou mostrar que a antropologia na África não havia conseguido superar sua "epistemologia da alteridade", sem o que seria impossível que ela se tornasse uma ciência social adequada à compreensão das realidades africanas.[62] Posteriormente, nos anos 1990, o autor expandiu sua crítica às demais ciências sociais no continente, especialmente por seu status disciplinar e suas epistemologias autolegitimadoras e "cosmopolitas". Todavia, Mafeje não se limitou à crítica. Como mostrou Jimi Adesina (2008), desde seus estudos iniciais, nos anos 1960, ele buscou construir uma visão endógena das realidades africanas a partir do saber-fazer dos africanos e africanas; o que, para ele, seria o ponto de partida para o conhecimento de fato científico da África.

Hountondji e Mafeje, entre outros, vêm mostrando como as ciências humanas e sociais na África podem contribuir, ao seu modo, para o debate sobre o autodesenvolvimento no continente. Um tema que tende a ser considerado, correntemente, como algo a ser discutido pelos economistas. Ancorados em suas próprias teorias sociais, eles fazem retomar a questão do desenvolvimento como desenvolvimento endógeno, mostrando — teórica e empiricamente — como o conhecimento e o estudo do saber-fazer dos africanos e das africanas poderiam ser potencializados como fontes de autodesenvolvimento e democratização social. É uma ideia que está em inúmeros intelectuais africanos, mas que nunca foi seriamente levada a cabo como política de Estado no continente, afora exceções.[63]

Isso não significa dizer que a África esteja deitada em berço esplêndido. Em 2013, a União Africana, sob a liderança de Nkosazana Dlamini Zuma, patrocinou a criação da Agenda 2063,

---

62 Archie Mafeje, 1971; 1998; 2008; Francis Nyamnjoh, 2012.   63 O próprio Hountondji foi ministro da Educação e, posteriormente, da Cultura e Comunicação em seu país natal, Benim, entre 1991 e 1993. Mas voltou à carreira acadêmica após tal experiência.

que contou com a participação de centenas de especialistas, agências — governamentais e regionais — e entidades da sociedade civil buscando uma estratégia comum para o desenvolvimento e a integração africana, que pretende culminar com a formação da nação África em 2063. A mesma União Africana tem feito progressos tangíveis na construção concreta de tal Agenda, conseguindo aprovar reformas internas, sobretudo fiscal, e promovendo projetos de integração regional e continental — como a formação do Mercado Comum Africano.

No entanto, cabe a pergunta: em que medida essas políticas permitirão a ampliação da democratização social e uma efetiva melhora na qualidade de vida das pessoas comuns? É evidente que a política será o campo decisivo de resolução (ou não resolução) desse dilema. Mas a escolha de determinados paradigmas e planos estratégicos tem consequências diferentes; o que não significa dizer que se trata de uma questão puramente teórica ou técnica. É evidente que um plano racional de alocação de recursos com foco no desenvolvimento sustentável (Maathai) e humano (Adedeji) teria grande valia.[64] Nessa perspectiva, as pessoas comuns deveriam ser em grande parte os receptores desse desenvolvimento, e isso deveria guiar todas as políticas governamentais sustentáveis de curto, médio e longo prazo. É um pressuposto que consta da Agenda 2063, assim como a projeção de uma África unida e integrada. Mas, como destacava Adedeji, entre outros, seriam necessárias também reformas estruturais para potencializar tal direcionamento. E, como bem resumiu Carlos Lopes recentemente,[65] se deveria concomitantemente construir uma

64 Em paralelo ao que vinha sendo trabalhado por outros economistas na mesma época, como o paquistanês Mahbub ul Haq e o indiano Amartya Sen, que propuseram a metodologia do Índice de Desenvolvimento Humano, que desde então é usada pelo Programa das Nações Unidas para o Desenvolvimento Humano (Pnud). 65 Carlos Lopes, op. cit.

África reindustrializada e economicamente diversificada. Ou seja, um desenvolvimento "estrutural". Para ele, só assim seria possível assegurar uma transformação social que criasse empregos, renda e trouxesse bens públicos, garantindo a satisfação das necessidades mínimas que se quer.

Em outras palavras, o foco no desenvolvimento endógeno, mais próprio dos filósofos e cientistas sociais, tem que ser visto como algo complementar à orientação dos economistas políticos, que é estruturadora e necessária. O que autores como Ki-Zerbo, Hountondji e Mafeje (entre outros tantos citados) destacaram, é que não se trata apenas de construir um desenvolvimento para as pessoas, mas de criar um desenvolvimento pelas pessoas, em seu saber-fazer, envolvendo questões como ciência, cultura e tecnologia. Um conhecimento próprio, que poderia ser promovido e revivido pela educação. Essa seria a base do verdadeiro autodesenvolvimento. Assim, se é fato que a sociedade civil em todos os lugares na África tem radicalizado suas instituições autóctones (formais ou não), é certo também que com o devido apoio estatal tais instituições poderiam tornar-se elementos relevantes de uma modernização africana.[66] Por fim, é uma garantia de que o desenvolvimento que todos pretendem não seja algo impositivo, nem se faça sem a amplitude da dimensão humana envolvida, pois não há desenvolvimento endógeno sem envolvimento social. Em especial das mulheres e dos jovens africanos. Ou seja, implica democratização social. Algo que vem sendo veementemente defendido nos dias atuais, desde que as mulheres africanas ganharam espaço no poder acadêmico e governamental.

---

66 Akin L. G. Mabogunje, "Institutional Radicalization, the State, and the Development Process in Africa". *Pnas*, dezembro n. 5, v. 97, n. 25, pp. 14007-14, 2000.

Em suma, embora haja distinções, as visões acima elencadas são mais complementares do que opostas, e assim tem que ser vistas.[67] São caminhos para o autodesenvolvimento africano.

Por essa exposição sucinta, vê-se que não há ingenuidade do pensamento africano acerca da tecnocracia do discurso econômico atual, que se tornou o pensamento único da maioria dos governos do mundo após a consagração do neoliberalismo. A questão é como realizar a superação da ordem neoliberal, para que tais alternativas de autodesenvolvimento possam ser testadas como diretrizes de Estado. E, nesse ponto, coloca-se novamente o problema político.

Dentro do campo progressista africano vejo duas posições mais evidentes sobre o assunto, que nem sempre são opostas. De um lado, a intelectualidade mais próxima do campo marxista. Para esses, a situação periférica da atual divisão do trabalho e a consagração do neoliberalismo necessitariam de uma resposta de "desconexão", via revolução nacional-popular. Pode-se dizer que, de modo geral, o economista Samir Amin continua sendo a principal referência teórica e política dessa vertente. A questão que se coloca para seus adeptos é quem seria o sujeito dessa revolução hoje. Por exemplo, para Issa Shivji, não se trataria mais da classe trabalhadora, mas do "povo trabalhador"; para Sam Moyo e Paris Yeros, do "semiproletariado", tendo em conta a continuada relevância da questão da terra no continente.[68] Outra parte da intelectualidade e do campo político progressista continua mais próxima do pan-africanismo de Kwame Nkrumah e Julius Nyerere. Para essa, as questões estruturais africanas de fato só poderiam ser superadas a partir

---

67 A trajetória de Carlos Lopes (sociólogo e economista) é um bom exemplo desse fato, pois já em 1997 havia publicado um livro em defesa do desenvolvimento endógeno africano: *Compasso de espera: O fundamental e o acessório na crise africana*. Porto: Edições Afrontamento, 1997. **68** Paris Yeros e Sam Moyo (Orgs.), 2005; 2011.

de um quadro regionalista e/ou continental, para além do Estado-nação herdado do colonialismo. Sendo assim, essa seria a luta primordial a ser realizada. Mas há diferenças em como tal unidade poderia ser construída, se por uma via mais institucional (União Africana), como defendem, entre outros, Mammo Muchie (2003), Timothy Murithi (2007), ou por via da ação popular e de organizações e movimentos sociais, como acreditam, entre outros, Ernest Wamba dia Wamba (2015) e Fongot Kini-Yen Kinni (2015); e como se defendeu no VIII Congresso Pan-Africanista (Gana, 2015).

Por meio desses debates foi se construindo a trajetória primordial do pensamento intelectual africano contemporâneo, em suas linhas gerais. Nesse sentido, viu-se como o discurso histórico-cultural, tão marcante do nacionalismo africano até 1950, foi forçosamente incorporando uma face cada vez mais política, por conta da exigência dos movimentos de independência. E como este, por sua vez, também foi engendrando o debate sobre o autodesenvolvimento na África cada vez mais pós-colonial, a partir dos anos 1970. Isso, evidentemente, entremeado por várias exceções, deslocamentos e interconexões, como se buscou mostrar sempre que possível e necessário. Assim se fez a história da *razão africana*, desde sua apropriação pela prática teórica. E, afinal, tendo findado esse processo, repito a máxima de Montesquieu:

> Não tirei meus princípios dos meus preconceitos, e sim da natureza das coisas. Aqui, muitas verdades só se mostrarão depois que se tiver visto a cadeia que liga a outras. Quanto mais se pensar sobre os pormenores, mais se sentirá a certeza dos princípios. Esses próprios pormenores, não os citei todos, pois quem poderia dizer tudo sem causar um mortal aborrecimento.[69]

69 Charles de Secondat Baron de Montesquieu, *O espírito das leis*. São Paulo: Martins Fontes, 1996, p. 5.

Conclusão

Assim encerro este breve panorama do pensamento africano contemporâneo. Uma síntese possível, perpassando mais de um século de história.

Mostrou-se como, desde seus primórdios, em meados do século XIX, tal pensamento esteve vinculado ao desafio europeu. Em primeiro lugar, por causa da corrosiva e posterior colonização do continente. Mas, ao mesmo tempo, por ser um pensamento estruturado nas instituições e línguas europeias. As exceções foram os países do Magreb e do Norte africano, que continuaram alicerçados nas sociedades e na cultura árabe e islâmica, em especial, Marrocos e Egito.

Algumas regiões se mostraram especialmente relevantes na configuração inicial desse pensar, particularmente para a formação do pan-africanismo e do nacionalismo africano. São os casos de Nigéria, Libéria, Serra Leoa, África do Sul; quase sempre com fortes conexões diaspóricas na América Central e Estados Unidos. Nesse contexto, os intelectuais africanos e da diáspora buscaram, ao formar tais ideologias, contrapor-se ao avanço do racismo e do colonialismo no mundo. Muitas vezes, valendo-se de argumentos de fundo religioso — cristãos — para justificar e legitimar seu posicionamento. Daí a força do etiopismo à época.

Edward Blyden foi um intelectual de proa nessa busca, embora não tenha sido o único. Em seu pensamento, já se pode observar muitos elementos que fundamentariam a projeção de uma "modernidade africana" a partir de características

173

histórico-culturais dos seus povos, tema que foi posteriormente trabalhado de forma diversa e mais aprofundada por vários autores na primeira metade do século XX (J. Agreey, J. Hayford, L. S. Senghor, A. Césaire, C. A. Diop). Isso era sua tese da personalidade africana. Ou seja, de que existiriam valores civilizatórios propriamente africanos, que deveriam servir de base para uma nova África: livre, integrada e moderna (ao seu modo).

Sem dúvida, houve muitos debates e polêmicas posteriores sobre quais seriam esses elementos, e como eles poderiam ser recuperados e potencializados. Mas a ideia persiste, tanto no imediato pós-guerra quanto no período posterior das descolonizações, em algumas vertentes radicais da descolonização (A. Cabral, F. Fanon) e, mais afirmativamente, na variedade de propostas dos "socialismos africanos" (K. Nkrumah, N. Azikiwe, J. Nyerere, Sékou Touré).

Ao mesmo tempo, procurei mostrar neste livro como o novo momento histórico que marcou os anos 1950 e 1960 foi engendrando outro debate tão ou mais importante: a centralidade do fator político. Uma consequência lógica da consolidação e posterior consagração dos movimentos de libertação nacional. Da crença de que, pelo "reino político", seria possível construir o caminho das independências e da construção daquela nova África que se projetava.

Todavia, conforme as soberanias nacionais foram sendo conquistadas, consolida-se uma nova problemática dentro do pensamento africano: como organizar uma sociedade pós-colonial, de tipo nacional. A preocupação quase única após a derrota da utopia concreta pan-africanista.[1] Tal nacionalização da política (muitas vezes tendo por pressuposto a "balcanização" neocolonial), aliada à necessidade de produzir um desenvolvimento econômico com melhora de vida das populações,

[1] Apesar da formação da OUA.

deu maior evidência e profundidade às análises derivadas da economia política nos anos 1970. Foi a época dos grandes economistas, como M. Dia, S. Amin, A. Adedeji, J. Rweyemamu e W. Rodney.

Vimos também que nos anos 1980 e 1990, com a consolidação do neoliberalismo, formou-se um entrave estrutural para a realização das ideias de desenvolvimento econômico ali propostas. Tal fato, por outro lado, legitimou o questionamento das bases epistemológicas e políticas do debate, ancorado numa visão mais tradicional da economia política. Assim, paulatinamente, o tema foi sendo cada vez mais retrabalhado não apenas por economistas profissionais, mas também por historiadores, filósofos e cientistas sociais, como C. Ake, Chinweizu, A. Mazrui, A. Abdel-Malek, B. Andah, J. F. Ajayi, A. Mafeje, P. Hountondji ou J. Ki-Zerbo. Afinal, não se tratava somente de produzir o desenvolvimento, mas de pensar mais profundamente sobre qual o desenvolvimento que se queria: para quem? como?

Ainda hoje, tendo em conta os elementos positivos e negativos da experiência africana recente, muitos intelectuais vêm buscando observar como se daria uma política contemporânea de autodesenvolvimento africano, para além dos elementos de reformas estruturais anteriormente indicadas pela geração dos anos 1970 (industrialização autônoma, redução das desigualdades, diversificação econômica, integração regional e continental, melhora da qualidade de vida). É também preciso ir além e focar nas novas temáticas: a) sustentabilidade (Maathai); b) superação das disparidades de gênero, raciais e étnicas; c) promoção de uma visão cada vez mais endógena e democrática do desenvolvimento. Ou seja, um autodesenvolvimento não apenas para as pessoas, mas pelas pessoas, entendendo-se tal como parte de um processo de democratização social mais geral. Em particular, a partir dos movimentos sociais e das comunidades e culturas locais.

Nesse movimento do pensamento intelectual africano vê--se formar não uma acumulação de ideias justapostas, mas uma autêntica superação dialética. Quando Blyden anunciava a personalidade africana, ele sabia que ela não poderia existir e se potencializar sem a assunção da soberania política e econômica pelas sociedades africanas. Daí que se tenha começado por ele neste ensaio. Mas essa reflexão germinal foi sendo refinada e tornada complexa por gerações de intelectuais africanos até os dias atuais à medida que o desafio europeu do século XIX também foi se transformando num desafio mundial, dada a ascensão da Guerra Fria e, posteriormente, da ordem neocolonial e neoliberal. Todavia, essencialmente, percebe-se que sua ideia de modernizar a África a partir de si própria, para fazê-la reviver num nível superior, autônomo, continua atual. O difícil é como realizar tal tarefa histórica.

Alguns leitores talvez achem que essa herança poderia demonstrar certo provincialismo do pensamento intelectual africano. Afinal, a questão da soberania africana que está por trás de tal reflexão e discurso não seria algo do passado? Algo do período pré-globalista da humanidade? Não seria necessário renovar o pensamento africano com uma agenda mais "atual", mais "cosmopolita"? Para mim, é uma ponderação ilusória. Afinal, é evidente que, apesar da chamada globalização, os principais atores do sistema internacional continuam sendo os povos e nações que possuem autoconsciência, e a partir dela fazem valer os seus interesses na ordem mundial. E quanto mais elas conseguem fazer isso coletivamente, coligando-se com outros povos e nações, mais o seu poder tende a se consolidar. E isso vale também para os africanos. Quanto mais unidos e solidários eles forem entre si, melhor será para eles nesta nova ordem mundial. Isso em si não resolverá todos os chamados problemas africanos, em especial dos mais pobres. Mas, como diria J. Nyerere, "vai garantir as condições para que eles possam ser resolvidos".

Independentemente de se concordar ou não com essa percepção, entretanto, o que se pretendeu mostrar aqui, a partir de uma intenção objetiva, é que essa reflexão e discurso sobre a soberania africana, em suas várias facetas (cultural, política, econômica), desde o século XIX até hoje, é uma característica essencial do pensamento intelectual africano. Pode-se pensar sobre os pontos positivos e negativos de tal fato, mas é difícil negá-lo. Caminhou-se assim no sentido de explicitar uma autoconsciência desse pensamento.

Longe de constituir elemento meramente corporativista, trata-se de uma característica explicável pela própria historicidade das sociedades africanas. Vale lembrar: a África foi soberana. Sua soberania foi perdida, gradativamente, conforme ela foi se inserindo de forma periférica no sistema capitalista atlântico, eurocentrado, atingindo seu ápice na instauração do colonialismo, em fins do século XIX. Desde então, a luta é pela reconquista de tal soberania. E é lógico que no plano intelectual também se recoloque essa questão, e assim continuará sendo enquanto essa soberania não for realizada plenamente, objetivamente. Assim se formou e se recriou tal tradição intelectual. Conhecer e refletir a partir dela é torná-la viva e africana, independente de origem, raça, cor, etnia ou gênero.

Faz sentido concluir, portanto, que, enquanto a intelectualidade africana conseguir manter certa autonomia no pensar e no plano institucional, criando agendas próprias, a temática da soberania africana continuará sendo tratada como algo relevante. Daí a importância da Codesria na África. Não é pouco para uma intelectualidade situada numa área periférica do mundo capitalista. Pelo contrário, é uma vitória inconteste. Sendo assim: viva o pensamento intelectual africano contemporâneo!

Referências bibliográficas

ADEDEJI, Adebayo. "Estratégias comparadas de descolonização econômica". In: MAZRUI, Ali A.; WONDJI, Christophe (Orgs.). *História geral da África, VIII: África desde 1935*. Brasília: Unesco, 2010.

ADESINA, Jimi O. "Archie Mafeje and the Pursuit of Endogeny: Against Alterity and Extroversion". *Africa Development*, v. XXXIII, n. 4, Dakar, Codesria, pp. 133-52, 2008.

ADEWUNI, Salawu. "Reviving the Past: West African Nationalism Rediscovered". *International Journal of Sustainable Development*, v. I, n. 2. Acra: Pan-African Book Company, 2008, pp. 6-7.

ADI, Hakim. *Pan-Africanism and Communism: The Communist International, Africa and the Diaspora, 1919-1939*. Londres: Africa World Press, 2013.

_____. *Pan-Africanism: A History*. Londres: Bloomsbury Academic, 2018.

_____; SHERWOOD, Marika. *Pan-African History: Political Figures From Africa and the Diaspora since 1787*. Londres: Routledge, 2003.

AGBAJE, A. *African political thought*. Ibadan: Department of Adult Education of University of Ibadan University Press, 1991.

AJALA, Adekunle. *Pan-Africanism: Evolution, Progress and Prospects*. Nova York: St. Martin's Press, 1973.

AJAYI, Jacob. F. Ade. "Tradition and Development". In: FALOLA, Toyin (Org.). *Tradition and Change in Africa*. Trenton: Africa World Press, 2000.

_____; CROWDER, Michael. *History of West Africa*. Londres: Longman, 1971.

AKE, Claude. *A Political economy of Africa*. Harlow; Essex: Longman, 1981.

AKPAN, Monday. "Libéria e Etiópia: a sobrevivência de dois Estados africanos". In: BOAHEN, Adu (Org.). *História geral da África, VII: A África sob dominação colonial: 1880-1935*. 2. ed. rev. Brasília: Unesco, 2010.

ALMEIDA, Jorge. "Olhar o Egito e ver a África: sobre a apropriação de textos clássicos por abolicionistas e pan-africanistas dos séculos XVIII e XIX". In: FONSECA, Mariana B.; MANNARINO, Giovanni G. (Orgs.). *Áfricas: Representações e relações de poder*. Rio de Janeiro: Edições Áfricas/ Ancestre, 2019.

ALVARADO, Guillermo A. N. *África deve-se unir? A formação da teorética da unidade e a imaginação da África nos marcos epistêmicos pan-negristas e pan-africanos (séculos XVIII-XX)*. ABC Paulista: UFABC, 2018. Tese (Doutorado em Estudos Étnicos e Africanos).

AMIN, Samir. *Accumulation on a World Scale: A Critique of the Theory of Underdevelopment*. Nova York: Monthly Review Press, 1974.

_____. *Re-reading the Postwar Period: An Intellectual Itinerary*. Nova York: Monthly Review Press, 1994.

_____. *Os desafios da mundialização*. Aparecida: Idéias e Letras, 2006.

AMSELLE, Jean-Loup; M'BOKOLO, Elikia (Orgs.). *No centro da etnia: Etnias, tribalismo e Estado na África*. Petrópolis: Vozes, 2017.

ANDAH, Bassey W. *African Anthropology*. Ibadan: Shaneson, 1988.

_____. "Studying African Societies in Cultural Context". In: SCHMIDT, Peter. R.; PATTERSON, Thomas. C. (Orgs.). *Making Alternative History: The Practice of Archaeology and History in Non-Western Settings*. Santa Fé: SAR Press, 1995.

ANDERSON, Benedict. *Comunidades imaginadas: Reflexões sobre a origem e a difusão do nacionalismo*. São Paulo: Companhia das Letras, 2008.

APPIAH, Kwame A. *Na casa de meu pai: A África na filosofia da cultura*. Rio de Janeiro: Contraponto, 1997.

ASANTE, S. K. B.; CHANAIWA, David. "O pan-africanismo e a integração regional". In: MAZRUI, Ali A.; WONDJI, Christophe (Orgs.). *História geral da África, VIII: África desde 1935*. Brasília: Unesco, 2010.

_____. *African Development: Adebayo Adedeji's Alternative Strategies*. Ibadan: Spectrum Books, 1991.

AYISSI, Anatole. "The Politics of Frozen State Borders in Postcolonial Africa". In: KI-ZERBO, Lazare; ARROUS, Michel B. (Orgs.). *Études africaines de géographie par le bas: African Studies in Geography from Below*. Dakar: Codesria, 2009.

AYANDELE, Emmanuel A. *Holy Johnson, Pioneer of African Nationalism: 1836-1917*. Londres: Frank Cass, 1970.

AZIKIWE, Nnamdi. "Nigeria in World Politics". *Présence Africaine*, v. 4/5, n. 32/33, 1960.

BÂ, Amadou H. "Civilizações". In: *Entrevistas do Le Monde Diplomatique*. São Paulo: Ática, 1989.

BABU, Salma; WILSON, Amrit (Orgs.). *The Future that Works: Selected Writings of A. M. Babu*. Trenton: Africa World Press, 2002.

BACHELARD, Gaston. *Ensaio sobre o conhecimento aproximado*. Rio de Janeiro: Contraponto, 2015.

BANDEIRA, Luiz A. *A segunda Guerra Fria: Geopolítica e dimensão estratégica dos Estados Unidos*. Rio de Janeiro: Civilização Brasileira, 2013.

BARBOSA, Muryatan S. "O TEN e a negritude francófona no Brasil". *Revista Brasileira de Ciências Sociais*. v. 28, n. 81, pp. 171-84, 2013.

BARBOSA, Muryatan S. "Pan-africanismo e relações internacionais: uma herança (quase) esquecida." *Carta Internacional*, v. 11, p. 144-62, 2016.

____. *Guerreiro Ramos e o personalismo negro*. Jundiai: Paco Editorial, 2016.

____. "A atualidade de Frantz Fanon: Acerca da configuração colonialista". In: FILHO, Silvio de A. C.; NASCIMENTO, Washington S. (Orgs.). *Intelectuais das Áfricas*. Rio de Janeiro: Pontes, 2018.

____. "O debate pan-africanista na revista *Présence Africaine* (1956-1963)". *História*, Assis/ Franca, v. 38, 2019.

BARBOSA, Wilson do N. "Sobre a estratégia leninista". *Mouro: revista marxista — Núcleo de Estudos d›O Capital*, São Paulo, v. 5, n. 8, pp. 279-305, 2013.

____. "One Hundred Years of Learning: the Russian Revolution of 1917". *Agrarian South*, Zimbábue, v. 6, n. 2, 2017.

BARRY, Boubacar. *Senegâmbia: O desafio da história regional*. Rio de Janeiro: SEPHIS/ CEAA (UCAM), 2000.

BATES, Robert H., MUDIMBE, Valentin; O'BARR, Jean F. (Orgs.). *Africa and the Disciplines: The Contributions of Research in Africa to the Social Sciences and Humanities*. Chicago: University of Chicago Press, 1993.

BERKTAY, Asli. "Negritude and African Socialism: Rhetorical Devices for Overcoming Social Divides". *Third Text: Critical Perspectives on Contemporary Art and Culture*, v. 24, 2010.

BERNAL, Martin. *Black Athena: The Afroasiatic Roots of Classical Civilization*. New Brunswick: Rutgers, 1987.

BINEY, Ama. *The Political and Social Thought of Kwame Nkrumah*. Nova York: Palgrave Macmillan, 2011.

BLUM, William. *Killing Hope: US Military and CIA Interventions Since World War II*. Londres: Zed Books, 2003.

BLYDEN, Edward. "African life and customs". In: WILSON, Henry S. (Org.). *Origins of West African Nationalism*. Londres: Macmillan, 1969.

____. *Christianity, Islam and the Negro Race*. Baltimore: Black Classic Press, 2013.

BOAHEN, Adu. *Pan-Africanism and Nationalism in West Africa*. Londres: Oxford University Press, 1973.

____. "A África diante do desafio colonial". In: BOAHEN, Adu (Org.). *História geral da África, v. VII: A África sob dominação colonial: 1880-1935*. 2. ed. rev. Brasília: Unesco, 2010.

BOGUES, Anthony. "Radical Anti-colonial Thought, Anti-colonial Internationalism and the Politics of Human Solidarities. In: SHILLIAM, Robbie (Org.). *International Relations and Non-Western Thought: Imperialism, Colonialism and Investigations of Global Modernity*. Londres/ Nova York: Routledge, 2002.

BORGES, Antonádia et al. "Pós-antropologia: As críticas de Archie Mafeje ao conceito de alteridade e sua proposta de uma ontologia combativa". *Sociedade e Estado*, Brasília, v. 30, n. 2., maio/ago., 2015.

BROOKS, Gregory E. *Euroafricans in Western Africa: Commerce, Social Status, Gender, and Religious Observance from the Sixteenth to the Eighteen Century*. Col. Western African Studies. Atenas/ Ohio: James Currey/ Ohio University Press, 2003.

BUROWAY, Michael. "Public Sociology: South African Dilemmas in a Global Context". *Society in Transition. Journal of the South African Sociological Association*, v. 35, n. 1, 2004, pp. 11-26.

CABRAL, Amílcar. "Libertação nacional e cultura". In: SANCHES, Manuela R. (Org.). *As malhas que os impérios tecem: textos anticoloniais, contextos pós--coloniais*. Lisboa: Edições 70, 2012, pp. 253-72.

CARDOSO, Carlos. "Da possibilidade de fazer ciências sociais em África". In: SILVA, Tereza C.; COELHO, João P. B.; SOUTO, Amélia N. de. (Orgs.). *Como fazer ciências sociais e humanas em África: Questões epistemológicas, metodológicas, teóricas e práticas*. Textos em homenagem a Aquino Bragança. Dakar: Codesria/ CLACSO, 2012.

CARDOSO, Fernanda. *Nove clássicos do desenvolvimento econômico*. Jundiaí: Paco Editorial, 2018.

CASTRO, Isabelle C. S. de. "Fatema Mernissi: uma contestadora do patriarcalismo no mundo árabe-islâmico". In: FILHO, Silvio de A. C.; NASCIMENTO, Washington S. (Orgs.). *Intelectuais das Áfricas*. Rio de Janeiro: Pontes, 2018.

CÉSAIRE, Aimé. "Cahier d'un Retour au Pays Natal". In: SENGHOR, Léopold S. (Org.). *Anthologie de la nouvelle poésie nègre et malgache de langue française*. Paris: Presses Universitaires de France, 1948.

_____. *Nègre Je Suis, Nègre Je Resterai: Entretiens avec Françoise Vergès*. Paris: Albin Michel, 2005.

_____. "Letter to Maurice Thorez". *Social Text*, Carolina do Norte, v. 28, n. 2 (103), verão, 2010.

CHEGE, Michael. "Can Africa Develop". *Journal of Democracy*, v. 8, n. 2, pp. 170-9, 1977.

CHIZENGA, Anselmo P.; CABRAL, Frederico M. A. "(Des)caminhos da produção do conhecimento em África: o Codesria na disseminação do conhecimento no contexto da globalização". In: MACEDO, José R. de (Org.). *O pensamento africano no século XX*. São Paulo: Outras Expressões, 2016.

CHINWEIZU. *The West and the Rest of Us: White Predators, Black Slavers and the African Elite*, Nova York: Random House, 1975.

CURTIS, Edward E. *Islam in Black America: Identity, Liberation, and Difference in African-American Islamic Thought*. Nova York: State University of New York Press, 2002.

DECRAENE, Philippe. *Le Panafricanisme*. Paris: Presses Universitaires de France, 1959.

DENNON, Donald. *Settler Capitalism: The Dynamics of Dependent Development in the Southern Hemisphere*. Oxford: Oxford University Press, 1983.

DEPELCHIN, Jacques. *Silences in African History: Between the Syndromes of Discovery and Abolition*. Dar es Salaam: Mkuki Na Nyota, 2005.

DEVÉS-VALDÉS, Eduardo. *O pensamento subsaariano: Conexões e paralelos com o pensamento latino-americano e o asiático (um esquema)*. São Paulo/ Rio de Janeiro: CLACSO/ EDUCAM, 2008.

_____. *Pensamiento periférico: Asia, Africa, America Latina, Eurasia y algo más. Una tesis interpretativa global*. Buenos Aires: CLACSO/ IDEA-USACH, 2014.

DIA, Mamadou. *The African Nations and World Solidarity*. Londres: Thames&Hudson, 1962.

DIOP, Cheikh A. "African Cultural Unity". *Présence Africaine*, n. 24-25, fev.--maio, 1959.

_____ et al. "The Single Party in Africa. Interview with Mr. Madeira Keita". *Présence Africaine*, n. 30, fev.-maio, 1960.

_____. "The Cultural Contributions and Prospects of Africa". *Présence Africaine*, n. 8-9-10, jun.-nov., 1956.

_____. *The African Origin of Civilization: Myth or Reality*. Westport: Lawrence Hill, 1973.

DIOUF, Mamadou; MBOJI, Mohamad. "The Shadow of Cheikh Anta Diop". In: MUDIMBE, Valentin (Org.). *The Surreptitious Speech: Présence Africaine and the Politics of Otherness (1947-1987)*. Chicago: University of Chicago Press, 1992.

_____ (Orgs.). *Academic Freedom in Africa*. Dakar: Codesria, 1994.

DOMINGUES, Petrônio J. "Movimento da negritude: uma breve reconstrução histórica". *Mediações: Revista de Ciências Sociais*, Londrina, v. 10, 2005.

DREW, Allison. *Marxist Theory in African Settler Societies: Algeria and South Africa (2008)*. Centro de Estudos Africanos da Universidade de Cape Town. Disponível em: <http://www.africanstudies.uct.ac.za/sites/default/files/image_tool/images/327/2018/Drew-Marxism-African.pdf>. Acesso em: 29 jun. 2020.

EDWARDS, Brent H. *The Practice of Diaspora: Literature, Translation, and the Rise of Black Internationalism*. Cambridge: Harvard University Press, 2003.

EKANEM, Samuel A. "African Philosophy and Development: A Contemporary Perspective". *Sophia: An African Journal of Philosophy*, v. 9, n. 1, pp. 85-90, 2006.

EMEAGWALI, Gloria; DEI, George J. S. (Orgs.). *African Indigenous Knowledge and the Disciplines*. Rotterdam/ Boston/ Taipei: Sense Publishers, 2014.

EMMANUEL, Arghiri. *Appropriate or Underdeveloped Technology? Followed by Discussion with Celso Furtado and Hartmut Elsenhans*. Chichester/ Nova York/ Brisbane/ Toronto/ Singapura: John Wiley& Sons, 1982.

ERSKINE, Noel L. *Decolonizing Theology: A Caribbean Perspective*. Nova York: Orbis Books, 1981.

ESEDEBE, Peter O. *Pan-Africanism: The Idea and The Movement: 1776-1991*. Washington DC: Howard University Press, 1994.

FALOLA, Toyin. *Nationalism and African Intellectuals*. Rochester, NY: University Rochester Press, 2001.

_____ (Org.). *Tradition and Change in Africa*. Trenton: Africa World Press, 2000.

_____; ESSIEN, Kwame (Orgs.). *Pan-Africanism and the Politics of African Citizenship and Identity*. Nova York/ Londres: Routledge, 2014.

_____; ODHIAMBO, E. S. Atieno. *The Challenges of History and Leadership in Africa: The Essays of Bethwell Allan Ogot (Classic Authors and Texts on Africa)*. Trenton: Africa World Press, 2002.

FANON, Frantz. *Toward the African Revolution*. Nova York: Grove Press, 1964.

_____. *Os condenados da Terra*. Juiz de Fora: Editora UFJF, 2005.

_____. *Pele negra, máscaras brancas*. Salvador: EDUFBA, 2008.

_____. "Racismo e cultura". In: SANCHES, Manuela R. (Org.). *Malhas que os impérios tecem: textos anticoloniais, contextos pós-coloniais*. Lisboa: Edições 70, 2012.

FARIAS, P. F. de Moraes. "Afrocentrismo: Entre uma contranarrativa histórica universalista e o relativismo cultural". *Afro-Ásia*, Salvador, n. 29-30, 2003, pp. 317-43.

FAUSTINO, Deivison M. *Frantz Fanon: Um revolucionário particularmente negro*. São Paulo: Ciclo Contínuo, 2018.

FILHO, Sílvio de A. C. e NASCIMENTO, Washington S (Orgs.). Intelectuais das Áfricas: Rio de Janeiro: Pontes Editores, 2018.

FRANCISCO, Flavio T. R. *O novo negro na diáspora: modernidade afro-americana e as representações sobre o Brasil e a França no jornal* Chicago Defender *(1916-1940)*. São Paulo: Intermeios/ FAPESP, 2016.

FREDRICKSON, George M. *White Supremacy: A Comparative Study in American and South African History*. New York: Oxford University Press, 1981.

_____. *The Black Image in the White Mind: The Debate on Afro-American Character and Destiny, 1817-1914*. New Hampshire: Wesleyan University Press, 1987.

FRIEDLAND, William H.; ROSBERG JR., Carl G. *African Socialism*. Califórnia: Stanford University Press, 1964.

FURTADO, Celso. *Teoria e política do desenvolvimento econômico*. São Paulo: Editora Nacional, 1966.

GEISS, Imanuel. *The Pan-African Movement: A History of Pan-Africanism in America, Europe, and Africa*. Nova York: Africana, 1974.

GILROY, Paul. *O Atlântico negro: Modernidade e dupla consciência*. Rio de Janeiro/ São Paulo: Universidade Candido Mendes/ Editora 34, 2001.

GOLDMANN, Lucien. *Dialética e cultura*. Rio de Janeiro: Paz e Terra, 1991.

GORDON, Lewis. "Prefácio". In: FANON, Frantz. *Pele negra, máscaras brancas*. Salvador: EDUFBA, 2008.

GRAF, Marga. "Roots of Identity: The National and Cultural Self in *Présence Africaine*". *CLCWeb. Comparative Literature and Culture* v. 3, n. 3.2, 2001. Disponível em: <http://docs.lib.purdue.edu/clcweb/vol3/iss2/5>. Acesso em: 29 jun. 2020.

GRATALOUP, Christian. *L'Invention des Continent, Comment l'Europe a Découpé le Monde*. Paris: Larousse, 2009.

GREEN, Reginald H.; SEIDMAN, Ann. *Unity or Poverty?: The Economics of Pan--Africanism*. Londres: Penguin, 1968.

GRILLI, Matteo. *Nkrumaism and African Nationalism: Ghana's Pan-African Foreign Policy in the Age of Decolonization*. Nova York: Palgrave Macmillan, 2018.

GUEYE, M'Baye; BOAHEN, Adu. "Iniciativas e resistências africanas na África Ocidental, 1880-1914". In: BOAHEN, Adu (Org.). *História geral da África, v. VII: A África sob dominação colonial: 1880-1935*. 2. ed. rev. Brasília: Unesco, 2010.

GUIMARÃES, Antonio S. "A modernidade negra". *Teoria e pesquisa. Revista de Ciência Política*, São Carlos, n. 42-43, jan.-jul., 2003.

_____. "Intelectuais negros e formas de integração nacional". *Estudos Avançados*, São Paulo, v.18, n. 50, jan.-abr., 2004.

GYEKYE, Kwame. "Taking Development Seriously". *Journal of Applied Philosophy*, v. 11, n. 1, 1994, pp. 45-56.

_____. "Philosophy, Culture and Technology in the Postcolonial". In: EZE, E. C. (Org.). *Postcolonial African Philosophy: A Critical Reader*. Oxford: Blackwell Publishers, 1997.

HENDRICKS, Fred. "The Rise and Fall of South African Sociology". *African Sociological Review*, v. 10, n. 1, 2006, pp. 86-97.

HENSBROEK, Pieter B. Van. *Political Discourses in African Thought: 1860 to the Present*. Westport: Praeger, 1999.

HERNANDEZ, Leila M. G. L. *A África na sala de aula*. São Paulo: Sumus, 2008.

_____. "Elites africanas, a circulação de ideias e o nacionalismo anticolonial". In: BITTENCOURT, Marcelo; RIBEIRO, Alexandre; GEBARA, Alexsander (Orgs). *África passado e presente: II Encontro de Estudos Africanos da UFF* [recurso eletrônico]. Niterói: Programa de Pós-graduação em História da UFF, 2010.

_____. "A itinerância das ideias e o pensamento social africano". *Anos 90*, Porto Alegre, v. 21, n. 40, 2014, pp. 195-225.

HIRSON, Baruch. *Communalism and Socialism in Africa*: The Misdirection of *C.L.R. James* [1989]. Disponível em: <https://www.marxists.org/archive/hirson/1989/clr-james.htm>. Acesso em: 29 jun. 2020.

HOBSBAWM, Eric. *Era dos extremos: O breve século XX*. São Paulo: Companhia das Letras, 2013.

HODGKIN, Thomas. *African Political Parties*. Londres: Penguin Books, 1961.

HOUTONDJI, Paulin J. (Org.). *Les Savoirs endogènes: Pistes pour une recherche*. Dakar: Codesria, 1994.

_____. "Conhecimento de África, conhecimento de africanos: duas perspectivas sobre os estudos africanos". *Revista Crítica de Ciências Sociais*, Coimbra, v. 80, 2008, pp. 149-60.

IBRAHIM, Hassan A. "Política e nacionalismo no nordeste da África, 1919-1935". In: BOAHEN, Adu (Org.). *História geral da África, v. VII: A África sob dominação colonial: 1880-1935*. 2. ed. rev. Brasília: Unesco, 2010.

IJERE, Martin. "W. E. Du Bois and Marcus Garvey as Pan-Africanists: A Study in Contrast". *Présence Africaine*, v. 89, 1974, pp. 188-206.

ILGES, Michelle C. *A produção de ciências sociais no continente e a agência do Codesria*. São Paulo: FFLCH-USP, 2016. Tese (Doutorado em Antropologia Social).

JACOBS, Sylvia. "James Emman Kwegyir Aggrey: An African Intellectual in the United States. *The Journal of Negro History*, v. 81, n. 1-4, inverno-outono, 1996, pp. 47-61.

JAMES, Cyril R. *Reflections on Pan-Africanism* [1973]. Disponível em: <https://www.marxists.org/archive/james-clr/works/1973/panafricanism.htm>. Acesso em: 29 jun. 2020.

JAMES, Leslie. *George Padmore and Decolonization from Below: Pan-Africanism, the Cold War, and the End of empire*. Basingstoke: Palgrave Macmillan, 2015.

JANIS, Michael. *Africa After Modernism: Transitions in Literature, Media and Philosophy*. Londres/ Nova York: Routledge, 2007.

JULES-ROSETTE, Bennetta. "Conjugating Cultural Realities: *Présence Africaine*". In: MUDIMBE, Valentin Y. (Org.). *The Surreptitious Speech: Présence Africaine and the Politics of Otherness: 1947-1987*. Chicago/ Londres: University of Chicago Press, 1992.

JULY, Robert. W. *The Origins of Modern African Thought: Its Development in West Africa During the Nineteenth and Twentieth Centuries*. Londres: Faber& Faber, 1968.

KANBUR, Ravi. W. *Arthur Lewis and the Roots of Ghananian Economic Policy* [2016]. Nova York: Charles H. Dyson School of Applied Economics and Management of Cornell University. Disponível em: <http://publications.dyson.cornell.edu/research/researchpdf/wp/2016/Cornell-Dyson-wp1607.pdf>. Acesso em: 30 jun. 2020.

KARP, I.; MASOLO, D. A. (Orgs.). *African Philosophy as Cultural Inquiry*. Bloomington: Indiana University Press, 2000.

KEITA, Lansana (Org.). *Philosophy and African Development: Theory and Practice*. Dakar: Codesria, 2011.

KESTELOOT, Lilyan. *Intelectual Origins of the African Revolution*. Nova York: New Perspectives, 1968.

KINNI, Fongot K. *Pan-Africanism: Political Philosophy and Socio-economic Anthropology for African Liberation and Governance*, v. 3. Bamenda: Langaa RPCIG, 2015.

KIPRÉ, Pierre. "O desenvolvimento industrial e o crescimento urbano". In: MAZRUI, Ali A.; WONDJI, Christophe. (Orgs.). *História geral da África, VIII: A África desde 1935*. 2. ed. rev. Brasília: Unesco, 2010.

KI-ZERBO, Joseph. "The Negro-African Personality". *Présence Africaine*, v. 13, n. 41, Segundo trimestre, 1962.

_____. *Para quando a África? Entrevistas com René Holenstein*. São Paulo: Pallas Athena, 2006.

KODJO, E.; CHANAIWA, D. "Pan-africanismo e libertação". In: MAZRUI, Ali A.; WONDJI, Christophe (Orgs.). *História geral da África, VIII: A África desde 1935*. 2. ed. rev. Brasília: Unesco, 2010.

KOHN, Hans; SOKOLSKY, Wallace. *El nacionalismo africano en el siglo XX*. Buenos Aires: Paidós, 1968.

KOSIK, Karel. *Dialética do concreto*. Rio de Janeiro: Paz e Terra, 1976.

LANGLEY, J. Ayodele. *Pan-Africanism and Nationalism in West Africa, 1900-1945*. Oxford: Clarendon Press, 1973.

_____ (Org.). *Ideologies of Liberation in Black Africa 1856-1970: Documents on Modern African Political Thought from Colonial Times to the Present*. Londres: Rex Collings, 1979.

LARANJEIRA, José L. P. *Literaturas africanas de expressão portuguesa*. Lisboa: Universidade Aberta, 1995.

_____. "As literaturas africanas de língua portuguesa: identidade e autonomia". *SCRIPTA*, Belo Horizonte, v. 3, n. 6, 2000, pp. 237-44.

LEFEBVRE, Henri. *Lógica formal, lógica dialética*. Rio de Janeiro: Civilização Brasileira, 1983.

LEGUM, Colin. *Pan-Africanism: A Short Political Guide*. Nova York: Frederick A. Praeger, 1962.

LIPSCHUTZ, Mark R.; RASMUSSEN, R. Kent. *Dictionary of African Historical Biography*. Londres: Heinemann, 1986.

LOPES, Carlos. "A pirâmide invertida: historiografia africana feita por africanos". *Actas do Colóquio Construção e Ensino da História da África*, Lisboa, Linopazes, 1995, pp. 21-9.

_____. *Africa in Transformation: Economic Development in the Age of Doubt*. Springer International Publishing/ Palgrave Macmillan, 2019.

LYNCH, Hollis R. *Edward Wilmot Blyden, Pan-Negro Patriot 1832-1912*. Londres: Oxford University Press, 1967.

M'BOKOLO, Elikia. *África negra: história e civilizações*. Tomo II. Salvador/ São Paulo: EDUFBA/ Casa das Áfricas, 2011.

M'BAYE, Babacar. *The Trickster Comes West: Pan-African Influence in Early Black Diasporan Narratives*. Jackson: University Press of Mississipi, 2009.

MABOGUNJE, Akin L. G. "Institutional Radicalization, The State, and the Development Process in Africa".*Pnas*, v. 97, n. 25, dezembro, 2000, pp. 14007-14.

MACEDO, José R. "Intelectuais africanos e estudos pós-coloniais: as contribuições de Paulin Hountondji, Valentin Mudimbe e Achille Mbembe". In: MACEDO, José R. de (Org.). *O pensamento africano no século XX*. São Paulo: Outras Expressões, 2016.

MACEDO, Marcio. *Abdias do Nascimento: O negro revoltado*. São Paulo: FFLCH-USP, 2055. Dissertação (Mestrado em Sociologia).

MAFEJE, Archie. "The Ideology of 'Tribalism'". *The Journal of Modern African Studies*, v. 9, n. 2, 1971, pp. 253-61.

_____. *The Theory and Ethnography of African Social Formations: The Case of the Interlacustrine Kingdoms*. Londres: Codesria, 1991.

_____. "A Commentary on Anthropology and Africa". *Codesria Bulletin*, n. 3-4, 2008, pp. 88-94.

MAKONNEN, Ras. *Pan-Africanism from Within*. Londres: Oxford University Press, 1973.

MAMA, Amina. "Gender Studies for Africa's Transformation". In: MKANDAWIRE, Thandika (Org.). *African Intellectuals: Rethinking Politics, Language, Gender and Development*. Dakar/ Londres: Codesria/ Zed Books, 2005.

MAMDANI, Mahmood; DIFOU, Mamadou (Orgs.). *Academic Freedom in Africa*. Dakar: Codesria, 1995.

_____. *Citizen and Subject: Contemporary Africa and the Legacy of Late Colonialism*. Nova Jersey: Princeton University Press, 1996.

MANOEL, Jones; FAZZIO, Gabriel Landi (Orgs.). *Revolução Africana: Uma antologia do pensamento marxista*. São Paulo: Autonomia Literária, 2019.

MARTINS, Maurício V. *Marx, Espinosa e Darwin: Pensadores da imanência*. Coleção NIEP-Marx, v. III. Rio de Janeiro: Consequência, 2017.

MARX, Anthony W. *Faith in Nation: Exclusionary Origins of Nationalism*. Nova York: Oxford University Press, 2003.

MARX, Karl. *O Capital: Crítica da economia política*. Livro I. São Paulo: Boitempo, 2013.

MATTOS, Pablo de O. de. *The silent hero: George Padmore, diáspora e pan-Africanismo*. Rio de Janeiro: PUC-RJ, 2018. Tese (Doutorado em História Social da Cultura).

MAZRUI, Ali A. "Towards Re-Africanizing African Universities: Who Killed Intellectualism in the Post Colonial Era?". *Alternatives.Turkish Journal of International Relations*, v. 2, n. 3-4, outono-inverno, 2003.

MBEMBE, Achille. "As formas africanas de auto-inscrição". *Estudos Afro-Asiáticos*, v. 23, n. I, 2001, pp. 171-209.

_____. *Crítica da razão negra*. Lisboa: Antígona, 2014.

MCKAY, Vernon. *Africa in World politics*. Nova York: MacFadden Books, 1961.

MENSAH, Eric O. "Pan Africanism and Civil Religious Performance: Kwame Nkrumah and the Independence of Ghana Africology". *The Journal of Pan African Studies*, v. 9, n. 4, jul., 2016.

MKANDAWIRE, Thandika; SOLUDO, Charles. *Our Continent, Our Future: African Perspectives on Structural Adjustment*. Dakar: Codesria, 1998.

_____. "Three Generations of African Academics". *Transformation*, v. 28, 1995, pp. 75-83.

_____. "The Political Economy of Financial Reform in Africa". *Journal of International Development*, v. 11, n. 3, maio-jun., 1999, pp. 321-42.

MOORE, Carlos. "Abdias Nascimento e o surgimento de um pan-africanismo contemporâneo global". In: NASCIMENTO, Elisa (Org.). *A matriz africana no mundo*. Coleção Sankofa, n. 1. São Paulo: Selo Negro, 2008, pp. 233-47.

_____. *A África que incomoda: sobre a problematização do legado africano no quotidiano brasileiro*. Belo Horizonte: Nandyala, 2010.

MORENO, Helena W. *Voz d'Angola clamando no deserto: protesto e reivindicação em Luanda (1881-1901)*. São Paulo: FFLCH-USP, 2014. Dissertação (Mestrado em História).

MOSES, Dirk (Org.). *Empire, Colony, Genocide: Conquest, Occupation and Subaltern Resistance in World History*. Nova York/ Oxford: Berghahn Books, 2008.

MOURÃO, Fernando A. "O continente africano: Utopia e realidade ao nível dos modelos de explicação — uma questão de método". África, CEA/ USP, São Paulo, v. 16-17, n. 1, 1993/1994, pp. 3-22.

MOYO, Sam; YEROS, Paris (Orgs.). *Reclaiming the Nation: The Return of the National Question in Africa, Asia and Latin America*. Londres: Pluto Press, 2011.

_____ (Orgs.). *Reclaiming the Land: The Resurgence of Rural Movements in Africa, Asia and Latin America*. Londres: Zed Books, 2005.

MUCHIE, Mammo. *The Making of the Africa-Nation: Pan-Africanism and the African Renaissance*. Londres: Adonis/ Abbey, 2003.

MUDIMBE, Valentin. *The Idea of África*. Bloomington: Indiana University, 1994.

MULLEN, Bill. "Du Bois, Dark Princess, and the Afro-Asian International". *Positions: East Asia Cultures Critique*, v. 11, n. 1, primavera, 2003, pp. 217-23.

MUNANGA, Kabengele. *Negritude: Usos e sentidos*. São Paulo: Ática, 1988.

MURITHI, Timothy. *The African Union: Pan-Africanism, Peacebuilding and Development*. Aldershot: Ashgate, 2005.

_____. "Institutionalising Pan-Africanism Transforming African Union Values and Principles into Policy and Practice". *ISS Paper*, v. 143, jun., 2007.

_____ (Org.). *Handbook of African's International Relations*. Londres/ Nova York: Routledge, 2014.

MWAKIKAGILE, Godfrey. *Western Involvement in Nkrumah's Downfall*. Dar es Salaam: New Africa Press, 2015.

NANGWAYA, Ajamu. *Pan-Africanism, Feminism and Finding Missing Pan-Africanist Woman* [2016]. Disponível em: <https://www.pambazuka.org/pan-africanism/pan-africanism-feminism-and-finding-missing-pan-africanist-women>. Acesso em: 30 jun. 2020.

NASCIMENTO, Abdias; NASCIMENTO, Elisa. "Reflexões sobre o movimento negro no Brasil: 1938-1997". In: GUIMARÃES, Antônio S.; HUNTLEY, Lynn (Orgs.). *Tirando a máscara: Ensaios sobre o racismo no Brasil*. Rio de Janeiro: Paz e Terra, 2000.

_____ (Org.). *O negro revoltado*. Rio de Janeiro, Nova Fronteira, 1982.

_____. "Teatro Experimental do Negro: trajetória e reflexões". *Estudos Avançados*, v. 50, jan.-abr., 2004, pp. 209-24.

NASSER, Gamal A. *A revolução no mundo árabe*. São Paulo: EDARLI, 1963.

NDLOVU-GATSHENI, Sabelo J. "'My Life is One Long Debate': Ali A. Mazrui on the Invention of Africa and Postcolonial Predicaments". *Journal Third World Quartely*, v. 36, n. 2, 2015.

NEALE, Caroline. *Writing "Independent" History: African Historiography, 1960-1980*. Nova York: Greenwood Press, 1985.

NKRUMAH, Kmawe. *Consciencism*. Nova York: Monthly Review Press, 1974.

_____. *Luta de classes na África*. São Paulo: Nova Cultura, 2016.

_____. *Neocolonialismo: Último estágio do imperialismo*. Rio de Janeiro: Civilização Brasileira, 1967.

NYAMNJOH, Francis. "Blinded by Sight: Divining the future of Anthropology in Africa". *Africa Spectrum*, v. 47, n. 2-3, 2012, pp. 63-92.

NYERERE, Julius. "The process of liberation (1976)". In: GOULBOURNE, Harry (Org.). *Politics and State in the Third World*. Hong Kong: The Macmillian Press, 1979, pp. 248-58.

NZONGOLA-NTALAJA, Georges. "The Authenticity of Neocolonialism: Ideology and Class Struggle in Zaire". *Berkeley Journal of Sociology*, v. 22, 1977-1978, pp. 115-30.

OBBO, Christine. "But We Know It All! African Perspectives on Anthropological Knowledge". In: NTARANGWI, M.; MILLS, D.; AHMED, M. B. (Orgs.). *African Anthropologies: History, Critique and Practice*. Londres: Zed Books, 2006.

OGOT, Bethwell A. "Towards a History of the Relations Between African Systems (1971)". In: FALOLA, Toyin; ODHIAMBO, E. S. (Orgs.). *The Challenges of History and Leadership in Africa: The Essays of Bethwell Allan Ogot*. Classic Authors and Texts on Africa. Nova Jersey: Africa World Press, 2002.

OGUEJIOFOR, Josephat O. *Philosophy and the African Development*. Ibadan: Hope Publications, 2001.

OKE, M. "Cultural Nostalgia: A Philosophical Critique of Appeals to the Past in Theories of Remaking Africa". *Nordic Journal of African Studies*, v. 15, n. 3, 2006.

OKONDA, Benoît O. *Hegel et l'Afrique, thèses, critiques et dépassements*. Argenteuil: Le Cercle Herméneutique, 2010.

OLORUNTIMEHIN, B. Olatunji. "A política e o nacionalismo africano, 1919-1935". In: BOAHEN, Adu (Org.). *História geral da África, v. VII: A* África sob dominação colonial 1880-1935. 2. ed. rev. Brasília: Unesco, 2010.

OLUKOSHI, Adebayo. "Changing Patterns of Politics in Africa". In: BORON, Atilio; GLADYS, Lechini (Orgs.). *Politics and Social Movements in an Hegemonic World: Lessons from Africa, Asia and Latin America*. Buenos Aires: CLACSO, 2005.

ORUKA, Henry O. "Philosophy and the Search for a National Culture". *Sunday Nation*,n. 30, 31 ago., 1980.

OSAHON, Naiwu. *God is Black*. Lagos: Heritage Books, 1993.

OYEDOLA, David A. "The Contribution of Philosophy to Africa's Development". *Inkanyiso, Journal of Humanities and Social Sciences*, v. 8, n.1, 2016, pp. 9-20.

PADMORE, George. *Pan-Africanism or Communism? The Coming Struggle for Africa*. Londres: D. Dobson, 1956.

PAIVA, Felipe. "Aprendendo a voar: James Aggrey e os anos de formação de Kwame Nkrumah". *Revista de História*, São Paulo, n. 177, 2018, a07517.

PEPETELA. *A geração da utopia*. São Paulo: Leya, 2013.

PEREIRA, Amilcar Araujo; VITTORIA, Paolo. "A luta pela descolonização e as experiências de alfabetização na Guiné-Bissau: Amílcar Cabral e Paulo Freire". *Estudos Históricos*, Rio de Janeiro, v. 25, n. 50, jul.-dez., 2012.

POTEKHIN, Ivan. "Pan-Africanism and the Struggle of the Two Ideologies [1964]". Disponível em: <https://www.sahistory.org.za/sites/default/files/DC/Acn1964.0001.9976.000.019.Oct1964.7/Acn1964.0001.9976.000.019.Oct1964.7.pdf>. Acesso em: 1 jul. 2020.

PRA, Kwesi K. *Beyond the Color Line: Pan-Africanist Disputations*. Nova Jersey: African World Press, 1998.

_____. "A Pan-Africanist Reflection: Point and Counterpoint [2008]". Disponível em: <https://www.pambazuka.org/pan-africanism/pan-africanist-reflection-point-and-counterpoint>. Acesso em: 1 jul. 2020.

_____. "On Records and Keeping our Eyes on the Ball [2011]". Disponível em: <https://consciencism.wordpress.com/history/documents/kwesi-k-prah-responds/>. Acesso em: 1 jul. 2020.

PRASHAD, Vijay. *The Darker Nations: A People's History of the Third World*. Londres: The New Press, 2007.

_____. *The Poorer Nations*. Londres: Verso, 2012.

PRÉSENCE AFRICAINE. Modern Culture and our Destiny. *Présence Africaine*, n. 8-9-10, jun.-nov., 1956, pp. 5-6.

_____. "The Struggle Continues". *Présence Africaine*, n. 31, v. 3, 1960, pp. 5-6.

RABEMANANJARA, Jacques. "The Foundation of our Unity Arising from the Colonial Epoch". *Présence Africaine*, n. 24-25, fev.-maio, 1959.

RAMOS, Alberto G. *Redução sociológica*. 3. ed. Rio de Janeiro: UFRJ, 1995.

RASHEED, Sadig; CHOLE, Eshetu. "Human Development: An African Perspective". *Human Development Occasional Papers (1992-2007)*, HDO-CPA-1994-06, Human Development Report Office (HDRO), United Nations Development Programme (UNDP), Nova York, 1994.

REIS, Raissa B. dos. *Négritude em dois tempos: Emergência e instituição de um movimento (1931-1956)*. Belo Horizonte: UFMG, 2014. Dissertação (Mestrado em História).

_____. *África imaginada: História intelectual, pan-africanismo, nação e unidade africana na Présence Africaine (1947-1966)*. Belo Horizonte: UFMG, 2018. Tese (Doutorado em História).

RODNEY, Walter. "Tanzanian *Ujamaa* and Scientific Socialism". *African Review*, Dar es Salaam, v. 1, n. 4, 1972, pp. 61-76.

_____. *How Europe Underdeveloped Africa*. Londres/ Dar es Salaam. Bogle-L'Ouverture Publications/ Tanzanian Publishing House, 1973.

_____. "The African Revolution [1972]". *Urgent Tasks*, Sojourner Truth Organization, Chicago, v. 12, 1981, pp. 5-13.

ROLIM, Gustavo. K. "Revolução e cultura no pensamento de Frantz Fanon e Amílcar Cabral". In: MACEDO, José R. (Org.). *O pensamento africano no século XX*. São Paulo: Outras Expressões, 2016.

ROMÃO, José E.; GADOTTI, Moacir. *Paulo Freire e Amílcar Cabral: A descolonização das mentes*. São Paulo: Editora do Instituto Paulo Freire, 2012.

SARTRE, Jean-Paul. *Reflexões sobre o racismo*. São Paulo: Difel, 1965.

SENGHOR, Léopold S. (Org.). *Anthologie de la nouvelle poésie négre et malgache de langue française*. Paris: Presses Universitaires de France, 1948.

_____. "The Spirit of Civilization or the Laws of African Negro Culture". *Présence Africaine*, n. 8-9-10, jun.-nov., 1956.

_____. "Constructive Elements of a Civilization of Africa Negro Inspiration". *Présence Africaine*, n. 24-25, fev.-maio, 1959.

_____. "Preface Letter". In: MUDIMBE, V. Y. (Org.). *The Surreptitious Speech: Présence Africaine and the Politics of Otherness: 1947-1987*. Chicago/ Londres: University of Chicago Press, 1992.

_____. *El dialogo de las culturas*. Bilbao: Mensajeiro, 1995.

SHARPLEY-WHITING, Tracy D. *Negritude Women*. Mineápolis: University of Minnesota Press, 2002.

SHIVJI, Issa G. *Class Struggles in Tanzania*. Nova York: Monthly Review Press, 1976.

_____. "From Liberation to Liberalization. Intellectual Discourses at the University of Dar es Salaam". *Journal for Entwicklungspolitik*, v. XVIII, n. 3, 2002, pp. 281-94.

_____. "Nyerere's nationalist legacy [2009]". Disponível em: <https://www.juliusnyerere.org>. Acesso em: 1 jul. 2020.

SHIVJI, Issa G. "The Stuggle to Convert Nationalism to Pan-Africanism: Taking Stock of 50 Years of African Independence [2011]". Disponível em: <https://www.pambazuka.org/pan-africanism/struggle-convert-nationalism-pan-africanism>. Acesso em: 1 jul. 2020.

_____. "The Concept of 'Working People'". *Agrarian South*, v. 6, n. 1, 2017, pp. 1-13.

SILVA, Roberto J. "Marcien Towa, da crítica aos pressupostos da negritude senghoriana à possibilidade da filosofia africana". In: MACEDO, José R. de (Org.). *O pensamento africano no século XX*. São Paulo: Outras Expressões, 2016.

SILVA, Tereza C. e. *O público, o privado e o papel das universidades na África*. Dakar: Codesria, 2010.

SMITH, Edwin W. *Aggrey of Africa: a Study in Black and White*. Nova York: Richard R. Smith, 1930.

SOYINKA, Wole. As artes na África durante a dominação colonial. In: BOAHEN, Adu (Org.). *História geral da África, v. VII: A* África sob dominação colonial: 1880-1935. 2. ed. rev. Brasília: Unesco, 2010.

STOCKWELL, John. *In Search for Enemies: A CIA Story*. Nova York: WW Norton Company, 1978.

STOGER-EISING, Viktoria. "'Ujamaa' Revisited: Indigenous and European Influences in Nyerere's Social and Political Thought". *Africa: Journal of the International African Institute*, v. 70, n. 1, 2000, pp. 118-43.

SUN, Irene Y. *The Next Factory of the World: How Chinese Investment is Reshaping Africa*. Boston: Harvard Business Press, 2017.

TAMU, Arnold; SWAJ, Bonaventure. *Historians and Africanist History: A Critique*. Londres: Zed Books, 1981.

THOMPSON, Vincent B. *Africa and Unity: The Evolution of Pan-Africanism*. Londres: Longman, 1969.

TIBLE, Jean. *Marx selvagem*. São Paulo: Autonomia Literária, 2017.

TIGNOR, Robert. *Arthur Lewis and the Birth of Development Economics*. Nova Jersey: Princeton University Press, 2006.

UNESCO, Africa Departament. *African Woman, Pan-Africanism and African Renaissance*. Unesco: Paris, 2015.

UZOIGWE, Godfrey N. "Partilha europeia e conquista da África: apanhado geral". In: BOAHEN, Adu (Org.). *História Geral da África, v. VII: A África sob dominação colonial: 1880-1935*. 2. ed. rev. Brasília: Unesco, 2010.

_____. "Pan-Africanism in World Politics: The Geopolitics of the Pan-African Movement, 1900-2000". In: FALOLA, Toyin; ESSIEN, Kwame (Orgs.). *Pan-Africanism and the Politics of African Citizenship and Identity*. Nova York/Londres: Routledge, 2014.

VILLEN, Patricia. *Amílcar Cabral e a crítica ao colonialismo*. São Paulo: Expressão Popular, 2013.

WALLERSTEIN, Immanuel. *Africa: The Politics of Independence*. Nova York: Vintage Books, 1961.

WALLERSTEIN, Immanuel. "Ler Fanon no século XXI". *Revista Crítica de Ciências Sociais*, v. 82, setembro, 2008, pp. 3-12.

WAMBA DIA WAMBA, Ernest. "African People's Unification of Africa [2015]". Disponível em: <https://www.kimpavitapress.no/african-peoples-unification-of-africa-by-ernest-wamba-dia-wamba/>. Acesso em: 1 jul. 2020.

WAUTHIER, Claude. *L'Afrique des africains: Inventaire de la negritude*. 2. ed. Coleção L'Histoire Immediate. Paris: Seuil, 1973.

WESTAD, Odd A. *The Global Cold War: Third World Interventions and the Making of Our Times*. Nova York: Cambridge University Press, 2007.

WILSON, Henry S. "Introduction". In: WILSON, Henry S. (Org.). *Origins of West African Nationalism*. Londres: Macmillan, 1969.

_____. *Strategy for a Black Agenda: A Critique of New Theories of Liberation in the United States and Africa*. Nova York: International Publishers, 1973.

WIREDU, Kwasi. *Cultural Universals and Particulars: An African Perspective*. Bloomington: Indiana University Press, 1996.

WOLF, Eric. *A Europa e os povos sem História*. São Paulo: Edusp, 2009.

WORCESTER, Kent. *C. L. R. James: A Political Biography*. Nova York: State University of Nova York Press, 1996.

WORSLEY, Peter. *El terceiro mundo: una nueva fuerza vital em los asuntos internacionales*. Mexico: Siglo Veintiuno 1966.

WRIGHT, Richard. "Foreword". In: PADMORE, George. *Pan-Africanism or Communism? The Coming Struggle for Africa*. Londres: D. Dobson, 1956.

_____. "Tradition and Industrialization". *Présence Africaine*, v. 8-9-10, jun.-nov., 1956, pp. 355-69.

YANSANE, Aguibou. "Introduction". In: YANSANE, Aguibou (Org.). *Decolonization and Dependency: Problems of Development or African Societies*. Westport/ Londres: Greenwood Press, 1980.

YEROS, Paris. "Zimbabwe and the Dilemmas of the Left". *Historical Materialism*, Londres, v. 10, 2002, pp. 3-15.

YOUNG, Kurt B. "Towards an 8th Pan-African Congress: The Evolution of the Race-Class Debate". *Journal of Political Ideologies*, v. 16, n.2, 2011, pp. 145-67.

ZELEZA, Paul T. *Rethinking Africa's Globalization, v. 1: The Intellectual Challenges*. Nova Jersey/ Asmara: Africa World Press, 2003.

Índice remissivo

I Congresso dos Artistas e Escritores Negros (Paris, 1956), 54*n*, 64, 67, 103

I Congresso dos Estados Independentes da África (Gana, 1958), 58

I Congresso Pan-africano (Londres, 1900), 17

II Congresso dos Artistas e Escritores Negros (Roma, 1959), 64

V Congresso Pan-africano de Manchester (Inglaterra, 1945), 38, 41, 69, 73

VI Congresso Pan-africano (Gana, 1953), 83

VII Congresso Pan-africano (Tanzânia, 1973), 93

VIII Congresso Pan-africano (Gana, 2015), 171

A

Abdel-Malek, Anouar, 152*n*, 175

Abidjan (Costa do Marfim), 15

abordagem "exótica" da África, 43-4

Aboulela, Leila, 157*n*

Academia Militar do Cairo, 76*n*

"Ação Positiva", táticas da, 73

Acapulco (México), 106

Achebe, Chinua, 124, 157*n*

Achille, irmãos, 47

Acordo de Mercado Comum (Europa), 79

Acra (Gana), 32, 72, 74, 79, 83

Acumulação a escala mundial, A (Amin), 137, 139

Acumulação mundial, A (Frank), 137

Addis Abeba (Etiópia), 83, 85, 149

Adedeji, Adebayo, 142-5, 168, 175

Adesina, Jimi, 152*n*, 167

Adi, Hakim, 19*n*, 39*n*

Adichie, Chimamanda Ngozi, 157*n*

"administração indireta" na África, 33

Afigbo, Adiele E., 150*n*

África, 17*n*, 18-9, 34-6, 38-40, 45-6, 54, 55*n*, 66, 76*n*, 91, 100, 107*n*, 119, 137, 141, 151, 153-4, 156*n*, 177; anglófona, 42*n*; Austral, 160, 161; Central, 15, 146; francófona, 42*n*, 81-2, 87*n*, 100, 101*n*; lusófona, 42*n*, 49, 105*n*, 107*n*, 111; Meridional, 15; Nordeste da, 33*n*; Norte da, 26, 148, 161, 173; Ocidental, 14, 16, 18, 20, 25-31, 49, 61, 73, 77, 84, 101*n*, 105*n*, 134, 142, 161; Oriental, 93, 146, 149, 161; Setentrional, 15; sul-saariana, 49, 148*n*, 156

África do Sul, 20, 28, 31-3, 76, 85, 93, 100, 102*n*, 103, 105*n*, 107, 113*n*, 127, 129*n*, 148, 151, 152*n*, 156*n*, 157*n*, 159-60, 166, 173

África deve-se unir? A formação da teorética da unidade e a imaginação da África nos marcos epistêmicos pan-negristas e pan-africanos (séculos XVIII-XX) (Alvarado), 38n, 55n

Africa in Transformation: Economic Development in the Age of Doubt (Lopes), 161n

Africa Must Unite (Nkrumah), 78

África negra: História e civilizações (M'Bokolo), 29n

"África negra", 27, 55, 79, 81

African Alternative Framework to Structural Adjustment Programme (AAF-SAP, 1989), 144

African Blood Brotherhood (grupo marxista), 99

African Charter for Popular Participation (ACPP, 1990), 144

African Personality (Nkrumah), 59, 108

Afrique noire pré-coloniale: Étude comparée des systèmes politiques et sociaux de l'Europe et de l'Afrique noire, de l'antiquité à la formation des états modernes, L' (Cheikh Diop), 55

afro-americanos, 20, 22-3, 30, 34, 43

afro-estadunidenses, 17, 18n, 23, 38

afropessimismo, 147, 155n, 163

Agbaje, Adigun, 87

Agenda 2063 (União Africana), 144n, 167-8

Aggrey, James E. K., 31-3, 72

Agostinho Neto, 64, 88, 111

agroexportador, setor, 77, 127, 133

Ahuma, S. R. B. Attoh, 17

AIDS, epidemia de, 146, 151, 153n

Ajala, Adekunle, 19n

Ajayi, Jacob, 13, 61, 122, 150n, 175

Ake, Claude, 94, 122, 152n, 156, 164, 175

Akìwowo, Akínsolá, 152n

Akyeampong, Emmanuel, 150n

Alemanha, 15, 39n

Alexander, Neville, 114n

al-Hakim, Tawfiq, 157n

Aliança do Congresso Sul-Africano (1955), 77

al-Jabri, Mohammed Abed, 156n

"alma africana", 37, 47, 50, 53, 58

Almas do povo negro (Du Bois), 37

Almeida, Deolinda Rodrigues de, 160

Alto Volta, 84

Alvarado, Guillermo A. N., 38n, 55n

Amadiume, Ife, 152n

Amado, Jorge, 111

América Central, 173

América Latina, 106-7, 160, 162

American Negro Academy, 38

Américas, 16, 34-5, 37, 49, 155

Amin, Samir, 94, 117n, 127, 137-41, 157, 170, 175

Amo, Anton W., 156n

Amoah, Michael, 171

Amselle, Jean-Loup, 151n

Andah, Bassey, 122, 151, 175

Andrade, Mario de (africano), 64, 111

Angola, 15, 20, 27-8, 31, 76n, 88, 93, 111, 141n, 157n, 160, 163

Antériorité des civilisations nègres: Mythe ou vérité historique? (Cheikh Diop), 55-6

Anthologie de la nouvelle poésie nègre et malgache (org. Senghor), 50

Antigo Mediterrânico Oriental, 56n

anti-imperialismo, 23, 41-2, 49

anti-integracionismo, 35

antropologia, 150, 167

Antropologia africana, A (Andah), 151

apartheid, 76, 85, 107n, 113n, 153

Apithy, Sourou-Migan, 48

Appiah, Kwame, 34, 155, 156n

Appropriate or Underdeveloped Technology (Emmanuel), 161*n*
árabes, 23, 26, 76, 141*n*, 156*n*, 173
Argélia, 15, 52, 66, 81*n*, 83, 102, 105*n*, 127, 128, 139, 156*n*
Arma da Teoria, A (Cabral), 112
Armah, Ayi Kwei, 157*n*
Arrighi, Giovanni, 94, 117*n*
Asante, Molefi, 115
Asante, S. K. B., 144
Ashwood, Amy, 35-6, 41, 160*n*
Ásia, 34, 35; Sudoeste Asiático, 107*n*
Assembleia Democrática Africana *ver* RDA (Rassemblement Démocratique Africain)
assimilação ocidental, luta contra a, 48
Associação das Mulheres Africanas por Pesquisa e Desenvolvimento, 149
Associação de Estudantes da África Ocidental (Inglaterra), 73
Associação de Pesquisa da Costa do Ouro, 30
Associação Nacional para o Progresso das Pessoas de Cor (National Association for the Advancement of Colored People, NAACP), 38
Associação Universal para o Melhoramento do Negro, 36
Association for Study of Negro Life and History, 38
ativismo negro, 36, 73, 95
"Atlântico Negro", 17
Ato Contra os Escravos Fugidos (EUA, 1850), 18*n*
autarquia, 140
autodesenvolvimento, 10, 125-6, 135, 137, 140, 158, 162-4, 167, 169-71, 175; *ver também* economia

política; industrialização africana; modernização/desenvolvimento, binômio autoritarismo, 91, 116, 119, 134, 155
Awiti, Adhu, 115
Awolowo, Obafemi, 87
Axum, civilização de, 21*n*
Azikiwe, Nnamdi, 32, 41, 74-5, 82, 84, 87

B

Bâ, Amadou Hampâté, 121
Bâ, Mariama, 157*n*
Bachelard, Gaston, 11
Balandier, Georges, 118*n*, 151
"balcanização" da África, 78-9, 161, 174
Banco Mundial, 144-5, 148*n*
Baran, Paul A., 115
Barrier, Ella, 160*n*
Barry, Boubacar, 150*n*
Benim, 15, 81*n*, 84, 153, 156*n*, 167*n*
Bíblia, 21*n*, 55*n*
"biblioteca colonial", pressupostos essencialistas da, 42
Biko, Steve, 114
Black Power (Movimento do Poder Negro, EUA), 110
Blyden, Edward Wilmot, 14, 17-24, 27-30, 39, 59, 61-2, 92, 121, 154, 173-4, 176
Boesak, Allan, 156*n*
Boulaga, Fabien E., 154, 156*n*
Boumédiène, Houari, 138
Bourdieu, Pierre, 118*n*
Bragança, Aquino de, 94
branquidade, 50; *ver também* racismo
Brasil, 36, 49-50, 64, 100, 102*n*, 106
Brazzaville, Grupo de, 83
Briggs, Cyril V., 99

Brink, André, 157n
Brooks, Angie Elisabeth, 160
Brooks, George, 15-6
Bruxelas, 38, 100
burguesia, 139; africana, 108-9, 112-3; burguesias periféricas, 140; europeia, 108; ocidental, 106; pequena burguesia, 67, 105, 112-3, 117
Burkina Faso, 81n, 88, 122, 163
burocracia estatal, 117, 128
Burundi, 81n
Busia, Abena, 157n

C

Cabo Verde, 110, 111
Cabral, Amílcar, 64, 66-7, 88, 96n, 99, 101, 108, 110-2, 114n, 115, 174
Caderno de um retorno ao país natal (Césaire), 46
Cairo (Egito), 76n, 85, 148n
Camarões, 31, 76n, 81n, 83-4, 88, 150n, 156n
camponeses, 96, 105, 110-3, 116
Camus, Albert, 48
Capital, O (Marx), 11
capitalismo, 40, 66, 78, 89, 100, 102, 109, 114n, 115, 130, 137-41, 160, 162
Capitalismo e escravidão (Williams), 40
Caribe, 17, 102n
Carmichael, Stokely (Kwame Ture), 94
Carta da Liberdade (Aliança do Congresso Sul-Africano), 77
Carta de Liberdade das Mulheres (Federação das Mulheres Sul-Africanas), 77
Carvalho Filho, Silvio de Almeida, 10n

Casa dos Estudantes do Império (Lisboa), 64, 110-1
Casablanca, Grupo de, 83-5
centralismo, 134
Centro de Estudos Sociais Avançados (Porto Harcourt, Nigéria), 149
Centro de Pesquisa Básica (Kampala, Uganda), 149
Centro de Pesquisa e Documentação (Kano, Nigéria), 149
cepalismo, 115, 137
Césaire, Aimé, 35, 46-8, 51-3, 101, 174
Césaire, Suzanne Roussi, 35
Chade, 81n, 84
"Changing Patterns of Politics in Africa" (Olukoshi), 153n
Chebel, Malek, 156n
"Chifre da África", 161
Chilembwe, John, 21n
China, 38, 74, 105, 107n, 118, 123, 160
Chrisman, Robert, 19n
CIA (Central Intelligence Agency), 74
ciência política, 152
ciências humanas e sociais, 147-60
Cissé, Jeanne Martin, 85, 160
civilização africana, 55
civilização ocidental, 37, 53, 56n
Clarke, John H., 19n
Classe e Nação (Amin), 139
Codesria (Conselho para o Desenvolvimento da Pesquisa em Ciências Sociais em África), 139, 141, 148-9, 165, 166n, 177
Coetzee, J. M., 157n
coletivismo, 56-7, 59, 88, 90
coletivização agrícola, 116
"colonialidade", 102
colonialismo, 14, 15, 20, 25, 28-9, 32, 34, 40-1, 48, 50, 63, 66, 77, 81, 86, 97, 104, 107n, 111, 126,

129n, 131, 143, 150, 171, 173; ver também descolonização africana, luta pela; neocolonialismo

colonização afro-americana, ideia de, 21

comércio internacional, 136-7, 142

Comissão Econômica das Sociedade das Nações, 131

Comissão Econômica para África (CEA-ONU), 131, 142, 144-5

Comitê Sindical Internacional dos Trabalhadores Negros, 39

comitês birraciais na África do Sul, 32

commodities, 128, 145, 160-2

Como a Europa subdesenvolveu a África (Rodney), 137

Compasso de espera: O fundamental e o acessório na crise africana (Lopes), 170n

Comunidade Econômica dos Estados da África Ocidental (CEDEAO), 142

"comunidade imaginada", África como, 17

Comunidade para o Desenvolvimento da África Austral (SADC), 161

comunismo, 38-9, 42, 52, 69, 74, 75n, 99-101, 107n, 117-8; *ver também* marxismo; socialismo

Conacri (Guiné), 111-2, 117

Condenados da Terra (Fanon), 102n, 104-5, 106n

Conferência das Mulheres Africanas (1963), 85

Conferência de Bandung (Indonésia, 1955), 49, 75-6, 108n

Conferência de Berlim (1884-85), 14

Conferência dos Estados Independentes da África (1958), 74

Conferência dos Povos Africanos (1958), 74

Conferências de Estados Africanos Independentes (anos 1950-60), 83

Congo, 49, 81n, 83-4, 107n, 150n, 152n, 156n

Congo Belga, 31, 127

Congo, Reino do, 16, 159

Congo, República Democrática do, 81n, 122

Congresso dos Povos Africanos (Tanzânia, 1970), 93

Congresso Nacional Africano (África do Sul, 1913), 28

Congresso Nacional da África Ocidental Britânica (Londres, 1920), 29-30

Congressos Pan-africanos, 36, 38, 61

Consciencism (Nkrumah), 59, 89-90, 108

Conselho Nacional de Mulheres do Quênia, 146

conservação ambiental, 146

"Continente africano: Utopia e realidade ao nível dos modelos de explicação — uma questão de método, O" (Mourão), 64n

Convenção Unida da Costa de Ouro, 73

Cooper, Anna Julia, 160n

Cooper, Frederick, 118n

"cooperativismo negro", 38

Copacabana (Rio de Janeiro), 106

Copper, Anna, 35

cor da pele, pigmentocracia e, 18

Cordeiro da Matta, Joaquim Dias, 28

corrupção, 29, 30, 161

cosmovisões ancestrais africanas, 156n

Costa Alegre, Caetano da, 27-8
Costa do Marfim, 15, 48, 81*n*, 84,
101*n*, 118, 136
Costa do Ouro (Gana), 15, 29-32,
33*n*, 49, 72, 132, 148, 156*n*
Couto, Mia, 157*n*
Craveirinha, José J., 157*n*
crise da dívida externa, 145
crises do petróleo (1973 e 1978),
140-1
Cristandade, Islã e a raça negra
(Blyden), 22
cristianismo, 21-2, 25, 28, 32, 120,
173
Crummell, Alexander, 17
Cruz, Viriato da, 111, 157*n*
Cruz e Silva, Teresa, 152*n*
Cuba, 106
Cugoano, Quobna Ottobah, 16
cultura africana, 23, 42*n*, 43, 47-8,
56, 110, 120-1, 157
cultura artística ocidental, 43
culturalismo, 67
Curtin, Philip, 118*n*

D

Dadié, Bernard, 48
Dakar (Senegal), 86, 87*n*, 139, 141,
148-9
Damas, Léon, 47
Dangaremba, Tsitsi, 157*n*
Daomé, 48
Dar es Salaam (Tanzânia), 85, 94,
98, 115, 149-50
Davis, Angela, 94
Declaração de Arusha (1967), 93, 95-
6, 98, 116
Decraene, P., 19*n*
Delafosse, M., 42
Delany, Martin R., 17

Delegação Egípcia, 33*n*
democracia, 69, 119, 146, 152-3, 156
democratização social, 160-71
Departamento de Psiquiatria no
Hospital de Blida-Joinville
(Argélia), 102
Dépêche Africaine, La (revista), 44
Depelchin, Jacques, 94, 150*n*
dependência, teorias latino-
americanas da, 115
depressão econômica (anos 1930),
29, 44
descolonização africana, luta pela,
39*n*, 40-2, 49, 54, 60, 67, 76*n*,
96-7, 104-5, 107*n*, 108*n*, 111,
129*n*, 174
desenvolvimento africano *ver*
autodesenvolvimento;
industrialização
africana; modernização/
desenvolvimento, binômio
*Desenvolvimento com oferta ilimitada
de trabalho* (Lewis), 132
desigualdade social africana, 162
"destribalização", 151
Devés-Valdés, Eduardo, 10*n*, 27*n*,
30, 77*n*, 96*n*, 148*n*, 156*n*
Dia, Mamadou, 87, 136-7, 141-2, 175
Diagne, Blaise, 33*n*
Diagne, Pathé, 150*n*
diáspora africana, 14, 16, 18-9, 21, 28,
34, 38, 45, 48, 53, 55, 70, 74, 99,
120, 137, 160, 173
Diatta, Aline Sitoe, 159
Diawara, Mamadou, 152*n*
Diop, Alioune, 48
Diop, Birago, 47
Diop, Cheikh Anta, 54-7, 59, 80, 101,
130, 150*n*
Diop, Christiane, 48
Diouf, Mamadou, 150*n*
direita nacionalista, 130

direitos humanos, 119, 146, 156, 163
discriminação racial, 40
ditaduras militares de viés direitista, 107n
divisão linguística da África, problema da, 42n, 81
doenças na África, propagação de, 146
"dólar forte", política do, 141
Douglass, Frederick, 17
Drew, Allison, 114n
Du Bois, W. E., 35-8, 61, 99
dualidade racial (branco-negro), superação da, 50
Dube, John Langalibalele, 21n
Dumont, Louis, 118n

E

Easton, Hosea, 55n
Economia do Desenvolvimento, 131-2, 162
economia mundial, expansão da (1945-73), 128
economia política, 11, 116, 124, 126-7, 130-1, 135, 141-2, 147, 155, 157, 162-3, 175
Edimburgo (Escócia), 92
educação africana, 30-1, 33, 96
Egito, 26, 33n, 55n, 76n, 83, 127, 132, 137-8, 152n, 157n, 173; faraônico, 9, 27, 55, 156n
Ekanem, Samuel, 156
elites africanas, 16, 18, 21, 28, 31, 33, 105, 108, 119, 122, 134-5, 142, 149, 151, 155n, 156, 161
Elizabeth, rainha da Inglaterra, 75n
Elsenhans, Hartmut, 161n
Emmanuel, Arghiri, 136, 161n
"emoção", raça negra e, 54n
engajada, literatura, 45-6

Engels, Friedrich, 89n
Ensaio sobre o conhecimento aproximado (Bachelard), 11
"epistemologia da alteridade", 167
Equiano, Olaudah, 16
Eritréia, 156n
Escócia, 92
Escola de Achimota (Acra, Gana), 32, 72
Escola de Economia de Londres, 132
escravidão negra, 17, 43, 137
escritoras africanas, nova geração de, 157n
Esedebe, P. O., 17n, 19n
Espírito das leis, O (Montesquieu), 171
"espírito de Bandung", 76, 108n
Espírito Santo, Alda do, 157n, 159
esquerda, intelectualidade e militância de, 94, 98, 100, 105, 128-30
essencialismo africano, 53, 154
essencialização do "Outro", 150
Estado-nação, 91, 115, 122, 134-5, 150, 156, 171
Estados Unidos (EUA), 16, 17n, 21, 31, 35-9, 42, 72, 75, 81, 99-100, 102n, 103, 107, 110, 118, 129n, 131, 140-1, 147, 160, 173
"Estados Unidos da África", 77; ver também federalismo africano, projeto de
estruturalismo, 115, 137, 141, 157
estudos africanos, 147, 153, 164
Etiópia, 18, 21n, 26-7, 40, 83-5, 149, 152n, 156n, 159, 161, 163
Etiópia Desacorrentada (Hayford), 31
etiopismo, 21n, 173
"etnofilosofia", 153
Étudiant Noir, L' (revista), 44
eurocentrismo, 97, 113
Europa, 16, 24, 30, 35, 39-40, 42, 44, 79, 106, 107n, 137, 147, 160

existencialista, literatura e filosofia, 102

"exotismo" africano, 43

expressão dionisíaca da vida africana, 56-7

Eze, Emmanuel C., 156n

F

fabianista, socialismo, 92n

Facing Mount Kenya (Kenyatta), 42n

Fadipe, Nathaniel A., 33n

Faduma, Orishtukeh, 21n

Falola, Toyin, 150n

Fanon, Frantz, 35, 51, 62, 66-7, 88, 99, 101-6, 108, 110, 112, 114n, 115, 174

Fanti, povo, 29

Farah, Nuruddin, 157n

Faustino, Deivison Mendes, 102n

Federação da Nigéria (Lagos, 1914), 29

Federação das Mulheres Sul-Africanas, 77

Federação Pan-africana (Inglaterra), 73

federalismo africano, projeto de, 77, 80-1, 100, 107; *ver também* união africana

"Feminino", África como símbolo do, 23

feminismo africano, 159; *ver também* mulheres e ativismo feminino

filosofia africana, 153-6

Filosofia banto, A (Tempels), 154

Filosofia banto-ruandesa do ser, A (Kagame), 154

financeirização da economia mundial, 140

First, Ruth, 114n

FMI (Fundo Monetário Internacional), 144-5

"Formas africanas de auto-inscrição, As" (Mbembe), 155n

Forna, Aminatta, 157n

Fórum das Alternativas, 139

Fórum de Estudos Sociais (Addis Abeba, Etiópia), 149

Fórum do Terceiro Mundo, 139

França, 15, 39n, 43, 45, 90, 101-2, 104, 105n, 109, 118, 136, 138

Frank, André Gunder, 94, 137

Frantz Fanon: Um revolucionário particularmente negro (Faustino), 102n

Freetown (Serra Leoa), 14-5

Freire, Paulo, 94, 96n

Frelimo (Frente de Libertação de Moçambique), 111

Frente de Libertação Nacional (FLN, Argélia), 83, 102

Frente Única Antifascista, 39

Freyhold, Michaela von, 115

Frobenius, L., 42

"fuga de cérebros", 148

Furtado, Celso, 115, 131, 138, 161n

Futuro do maoísmo, O (Amin), 139

G

G-5, formação do, 140

Gabão, 81n, 84, 91

Gaddafi, Muammar, 141, 161

Gama, Luiz, 27

Gana, 15, 32, 41, 49, 58, 69, 71n, 72-3, 75n, 77, 78, 81, 83-4, 88, 106, 117, 128, 131-3, 144, 150n, 152n, 156n, 157n, 162, 171

Gana, reino de, 73, 159

Gandhi, Mohandas "Mahatma", 73, 95

Garvey, Amy E. Jacques, 35-6, 160n
Garvey, Marcus, 19, 35-6, 38-9, 41, 61, 73
Garvey Jr, Marcus, 36
Gide, André, 44, 48
Gilbert, Anne Hart, 16
Girvan, Norman, 94
globalização, 176
Gobineau, Arthur de, 54n
Gold Coast Aborigines' Rights Protection Society (GCARPS), 30
Goody, Jack, 118n
Gordimer, Nadine, 157n
Goulbourne, Harry, 94
Grécia Antiga, 54n, 56n
Green, Reginald, 131n
Grupo de Brazzaville, 83
Grupo de Casablanca, 83-5
Grupo de Monróvia, 84-5
Guadalupe, 48
Guerra da Argélia, 52
Guerra de Biafra (1967-1970), 124
Guerra Fria, 75, 79, 83, 91, 107n, 128, 134, 147, 160, 162, 176
guerras civis na África, 146, 161
Guevara, Che, 94
Guimarães, Antonio Sérgio, 43
Guiné, 49, 81n, 83-5, 87, 110-1, 117, 137
Guiné Britânica, 41
Guiné Equatorial, 91
Guiné-Bissau, 144, 152n, 159
Gyekye, K., 156

H

Haiti, 27, 96
Ham (personagem bíblico, filho de Noé), 55n
Hama, Boubou, 122
Hani, Chris, 114n
Haq, Mahbub ul, 168n

Harlem (Nova York), 35
Harlem Renaissance (movimento), 38, 43, 45, 61
Harmel, Michael, 114n
Harrak, Fatima, 152n
Havana (Cuba), 106
Hayford, Joseph E. Casely, 29-31, 33, 174
Hegel et l'Afrique, thèses, critiques et dépassements (Okonda), 101n
Herskovits, M., 42
Hirschman, Albert O., 131
Hirson, Baruch, 72, 114n
História Geral da África (Mazrui), 71
história universal, África como parte fundante da, 55n
historiadores africanos, nova geração de, 150n
Hitler, Adolf, 39n
Hobsbawm, Eric, 131n
Hodgkin, Thomas, 101, 118n
Holl, Augustin, 150n
Horton, James "Africanus" B., 17
Hountondji, Paulin J., 61, 153-4, 156, 164-7, 169, 175
Houphouët-Boigny, Félix, 84, 101, 118, 136
How Russia Transformed Her Colonial Empire: A Challenge to the Imperialist Powers (Padmore), 100
Hughes, Langston, 35, 43
humanismo, 88-9
Hussein, Taha, 157n
Ibadan (Nigéria), 149
Ibekwe, Chinweizu, 122-3, 175
Ibn Khaldun, 9, 156n

I

idealismo religioso africano, 56-7
identidade negra, 44, 47

Ideologia do tribalismo, A (Mafeje), 167
Idris, Yusuf, 157*n*
Igreja Presbiteriana dos EUA, 21
Igrejas africanas autônomas, 21*n*
igualdade de raça e de gênero, 32-3
Ilges, Michelle C., 166*n*
Ilhas Virgens, 17
Iliffe, John, 94
imperialismo, 23, 40-2, 49, 78, 100,
    109, 112, 140, 155*n*
*Imperialismo e o desenvolvimento
    desigual, O* (Amin), 139
*Imperialismo, fase superior do
    capitalismo* (Lênin), 100
Império Mandinga, 26
Império Otomano, 26
imprensa africana, 29
In Search for Enemies: A CIA Story
    (Stockwell), 74*n*
Índia, 37, 95, 132
Índice de Desenvolvimento
    Humano, 168*n*
indígenas, 35
Indonésia, 49, 75
industrialização africana, 127-8, 132,
    135, 142, 145, 161*n*, 162-3, 169,
    175
infraestrutura, 119, 135, 142-3
Inglaterra, 15, 29, 39*n*, 41, 73, 75*n*,
    92*n*, 104, 141, 166
*Instituições Nativas da Costa do
    Ouro* (Hayford), 29
Instituto Africano sobre Gênero, 158
Instituto Nacional de Estatística e
    Estudos Econômicos (França),
    138
intelectuais africanos, 9-10, 14, 26,
    34, 62, 64, 100, 109, 115, 120,
    123-4, 135, 164, 167, 173, 176; *ver
    também* pensamento africano
Intelectuais das Áfricas (org. Carvalho
    Filho e Nascimento), 10*n*, 104*n*

Internacional Comunista, 39, 41, 99
"internacionalismo negro" na
    França, 45
International African Service
    Bureau, 40
"intuitiva", razão negra como, 54*n*
invasão da Etiópia pela Itália (1935),
    40
Invenção da África, A (Mudimbe),
    42
Irele, Abiola, 61, 156*n*
islamismo, 22, 26-8, 33*n*, 76, 120,
    148*n*, 156*n*, 173
Israel, 107*n*
Itália, 21*n*, 40, 102*n*

J

Jackson, Jesse, 94
Jacobinos negros (James), 40
Jaffe, Hosea, 113*n*, 117*n*
James, C. L. R., 35, 40, 73, 94, 96, 99
Japão, 119
jazz, 43
Johnson, Bishop James "Holly", 17,
    21*n*
Johnston, Frederick, 152*n*
Jones, Anna, 160*n*
Jones, Claudia, 35, 160*n*
Jordaan, Kenneth, 114*n*
jornalismo angolano (século XIX), 27
jovens africanos, ativismo dos, 29,
    152, 169
judeus, 23
Juma, Calestous, 144

K

Kagame, Alexis, 154
Kalecki, Michal, 131

Kampala (Uganda), 149
Kano (Nigéria), 149
Karenga, Maulana, 115
Karp, 156
Kaunda, Kenneth, 87, 117
Keita, Aoua, 85, 159
Keita, Lansana, 156
Keita, Mamadou Madeira, 80
Keita, Modibo, 87, 107*n*, 138
kemétika, origem (do continente africano), 55-6
Kennedy, John, 75*n*, 107*n*
Kenyatta, Jomo, 41, 42*n*, 75
Kenyatta, Margaret, 85
Khatibi, Abdelkebir, 152*n*
kikuyu, povo, 42*n*, 95-6
King, Martin Luther, 94, 107*n*
Kinni, Fongot Kini-Yen, 171
kiswahili, idioma, 95, 116, 120
Ki-Zerbo, Joseph, 57, 59, 101, 122, 125-6, 135*n*, 150*n*, 169, 175
Kotane, Moses, 114*n*
Kouyaté, T. Garan, 33*n*, 41, 99
Kuti, Fela, 124

L

L'Ouverture, Toussaint, 27
Lagos (Nigéria), 15, 17-8, 29, 84, 142, 145
Laranjeira, Pires, 49
Laski, Harold, 92*n*
Legassick, Martin, 114*n*, 152*n*
Légitime Défense (revista), 44
Legum, Colin, 19*n*, 58*n*
Lei do valor e o materialismo histórico, A (Amin), 139
Lênin, Vladimir, 74, 99, 105, 110
Leon-Damas, 48
Lewis, Arthur, 132, 162
Lewis, William Arthur, 131

liberalismo, 70, 88, 128
Liberdade e desenvolvimento (Nyerere), 94
Liberdade e socialismo (Nyerere), 94
Libéria, 17-8, 21, 23, 27, 31, 83-4, 127, 148, 160, 173
Libertação, 96, 98; *ver também* descolonização africana, luta pela; *self-reliance*, conceito de
"Libertação nacional e cultura" (Cabral), 112-3
Líbia, 83, 141
Liga Contra o Imperialismo, 39, 100
Liga da Juventude da África Ocidental (Serra Leoa, 1935), 28-9
Liga Juvenil do Congresso Africano (1944), 76
Ligue de Défense de la Race Nègre, 40
Lisboa, 38, 64
literatura negra, 45-6
Locke, Alain, 35, 43
Londres, 29-30, 38, 40-1, 73, 132, 142
Lopes, Carlos, 144, 152*n*, 161, 168, 170
lumpemproletariado, 105
Lumumba, Patrice, 83, 107*n*
luta de classes, 89, 92*n*, 99, 102, 106, 109-10, 117
Luta de classes na África, A (Nkrumah), 108
luta negra internacional, 110
Lynch, Hollis, 19
Lyon (França), 101-2

M

M'Bokolo, Elikia, 29*n*, 150*n*, 151*n*
Maathai, Wangari Muta, 146, 168, 175
Macamo, Elísio, 152*n*
Macedo, José Rivair, 10*n*

Machel, Samora, 88
Madagascar, 81n, 84, 159
Mafeje, Archie, 151, 166-7, 169, 175
Magreb, 26, 76, 148, 173
Magubane, Bernard Makhosezwe, 152n
Mahfuz, Naguib, 157n
Makeba, Miriam, 160
Makonnen, T. R., 19n, 35, 41
malária, 146
Malawi, 144, 150n, 152n
malgaxes, 63-4
Mali, 80, 81n, 83, 85, 87, 121, 128, 138, 152n, 159
Mama, Amina, 148, 152n, 158
Mamdani, Mahmood, 94, 152n, 156
Manchester, 38, 41, 73, 132
"mandarins", 122-3
Mandela, Nelson, 76
Mandela, Winnie, 85, 160
Mandinga, Império, 26
Mangou, Sarraounia, 159
Mapolu, Henry, 115
Maran, René, 35, 43
Marrocos, 83, 152n, 156n, 173
Martin, Tony, 19n
Martinica, 46, 52, 101
Marx, Karl, 11, 89n
marxismo, 38, 41, 70, 88, 99-102, 105, 111, 115, 120, 123, 138-9; africano, 99, 101, 110, 113-4, 120-1; ver também comunismo; socialismo
Marxist Theory in African Settler Societies: Algeria and South Africa (Drew), 114n
Masolo, D. A., 156
matriarcal, estrutura africana, 56-7
Maugée, Aristide, 47
Mauritânia, 81n, 84
Maxeke, Charlotte, 159
"maximalista", pan-africanismo, 82, 84, 107, 115

Mazrui, Ali, 28, 71-2, 118-21, 123, 127, 157, 175
Mbeki, Govan, 113n
Mbembe, Achille, 34n, 155, 156n, 166n
Mboya, Tom, 87
McKay, Claude, 35, 43, 99
Menelik II, rei da Etiópia, 26-7
Ménil, René, 35, 43, 46
Mercado Comum Africano, 168
mercado mundial, 116, 128, 130
Mernissi, Fatema, 152n
"mestiços" da diáspora, 18-9
México, 106
"minimalista", pan-africanismo, 84
Mkandawire, Thandika, 144, 146
Moçambique, 15, 88, 93, 111, 141n, 152n, 156n, 157n, 163
"modernidade negra", 43-4
modernização sem ocidentalização, 119
modernização/desenvolvimento, binômio, 128-30, 156, 162; ver também autodesenvolvimento
Moderno sistema mundial, O (Wallerstein), 137
Mohamed Ali, Dusé, 35
Mohamed V, rei do Marrocos, 83
Mondlane, Eduardo, 94, 111
Monod, Théodore, 48
monopólios, 128, 129
Monróvia (Libéria), 83-5
Montesquieu, 171
Moody, Harold, 35
Morre, Carlos, 107n
Moumié, Félix-Roland, 88
Mounier, Emmanuel, 44
Mourão, Fernando, 64
Movimento do Poder Negro (Black Power, EUA), 110
Movimento dos Direitos Civis (EUA), 107n

Movimento Popular de Libertação de Angola (MPLA), 111
Moyo, Sam, 115, 152n, 170
Muchie, Mammo, 171
Mudimbe, Valentin, 42, 156n
mulheres e ativismo feminino, 44, 77, 84-5, 94, 146, 149, 152, 157n, 158n, 159, 169
Munanga, Kabengele, 45n, 46-7
Mundo Negro, O (jornal), 36
Murithi, Tim, 158
Murithi, Timothy, 171
música de herança africana, 43
Mwangi, Meja, 157n
Myrdal, Gunnar, 131

N

Na casa de meu pai: A África na filosofia da cultura (Appiah), 34n, 155n
Nabudere, Dan, 94
Nabudere, Dani Wadada, 152n
nacionalismo africano, 14, 20-1, 23, 25, 28-9, 31, 33-4, 42, 61, 70, 171, 173
nacionalistas asiáticos, 37
Nações africanas e a solidariedade mundial, As (Dia), 136
Nações Unidas, 131, 144, 168n
Namíbia, 93, 141n
Nangwaya, Ajamu, 160n
Nardal, Jeanne, 35, 45, 160n
Nardal, Paulette, 35, 44-5, 160n
Nascimento, Abdias do, 50
Nascimento, Washington Santos, 10n
Nasser, Gamal Abdel, 76-7, 94, 138, 141n
National Association for the Advancement of Colored People (NAACP), 38

nazifascismo, 39n, 44, 101
Ndaté Yalla Mbodj, rainha do Senegal, 159
Ndulu, Benno, 115
negritude, 59, 67, 113; cunhagem do termo, 46-7
Negritude (negritude francófona), 44, 46-7, 49-51, 54, 56, 59, 100, 102, 154
Negritude: Usos e sentidos (Munanga), 45n
Negro e o Caribe, O (Williams), 40
Negro Society for Historical Research, 38
"Negro-African Personality, The" (Ki-Zerbo), 57
neocolonialismo, 78-9, 91, 96, 101n, 107n, 108-9, 112-3, 128, 136, 140, 155n, 176; *ver também* colonialismo
Neocolonialismo: Último estágio do imperialismo (Nkrumah), 78
neoliberalismo, 129n, 141, 145, 152, 153n, 163, 170, 175-6
new negro, 43
Ngoenha, Severino, 156n
Ngoyi, Lilian Masediba, 159
Niane, D. T., 150n
Níger, 81n, 84, 159
Niger, Paul, 48
Nigéria, 15, 17, 29, 31-2, 33n, 49, 75, 81n, 82, 84-5, 87, 122, 124, 141-2, 144, 149, 150n, 152n, 156n, 157n, 159, 161, 173
Nkrumah, Kwame, 32, 41, 58-60, 69, 71-5, 77-81, 84, 86-90, 92-4, 99, 101, 106-10, 114n, 115, 116, 119, 128-30, 132-4, 154, 157, 170, 174
No centro da etnia: Etnias, tribalismo e Estado na África (org. Amselle e M'Bokolo), 151n
Nobel, Prêmio, 132, 146

Noé (personagem bíblico), 55n
Norte global, 148, 164-5
"Nova Guerra Fria", 160
Nova Ordem Econômica Mundial (anos 1970), 139
Nova York, 35, 38, 43
Núbia, 9
Nurkse, Ragnar, 131
Nurse, Malcom Ivan Meredith *ver* Padmore, George
Nxumalo, Jabulani Nobleman 'Mzala', 114n
Nye, Joseph, 118n
Nyerere, Julius Kambarage, 82-3, 87, 92-6, 98-9, 114-6, 118-20, 122, 131n, 157, 170, 174, 176
Nzinga Mbandi, rainha do Congo, 159

O

Obbo, Christine, 151
Obenga, Théophile, 156n
ocidentalização, 66, 120-1, 123
Ocidente, 37, 56n, 66-7, 95, 106, 116, 123
Ogot, Bethwell, 150n
Oguejiofor, Josephat, 156
Ogundipe-Leslie, Malara, 157n
Òké, Moses, 156
Okonda, Benoît Okolo, 101
Okri, Ben, 157n
"Olhar o Egito e ver a África: Sobre a apropriação de textos clássicos por abolicionistas e pan-africanistas dos séculos XVII e XIX" (Almeida), 55n
Oloruntimehin, E B. Olatunji, 29n
Olukoshi, Adebayo, 153n
Oluwole, Sophie B., 156n
ONGs africanas, 149, 152

ontologia africana, 53
ordem social africana, 23
"Orfeu negro" (Sartre), 50
Organização da Unidade Africana (OUA), 85-6, 93, 107, 115, 174n
Organização Pan-africana de Mulheres, 85n, 93-4
Organização para Pesquisa das Ciências Sociais da África do Leste, 149
Oriente Médio, 76, 107n, 160
Oruka, Henry Odera, 154, 156n
Osagyefo (líder vitorioso, redentor, em axante), 74
Otan (Organização do Tratado do Atlântico Norte), 107n, 161
"Outro", essencialização do, 150

P

Padmore, George, 35, 37-41, 69-70, 73-4, 75n, 99-100, 130, 157
PAIGC (Partido Africano para a Independência da Guiné e Cabo Verde), 111-2
Palestina, 102n
Pan-African Federation, 40
Pan-Africanism, Feminism and Finding Missing Pan-Africanist Woman (Nangwaya), 160n
pan-africanismo, 17, 19, 34, 36, 37n, 39-42, 48, 57, 69-70, 74, 75n, 77-9, 82-4, 86, 93-4, 98-9, 101, 107, 110-1, 115, 120, 130, 132, 141n, 142, 155, 157, 160n, 170, 171, 173-4; "maximalista", 82, 84, 107, 115; "minimalista", 84
Pan-africanismo ou comunismo? (Padmore), 69, 75n
"pan-negras", tendências, 115
"pan-negrista", África, 27

Panteras Negras, 107n
Paris, 38, 40, 43-4, 48, 64, 103
Partido Comunista do Brasil, 100
Partido Comunista dos EUA, 39
Partido Comunista Francês (PCF),
51, 100
Partido Comunista Português, 111
Partido da Convenção Popular (PCP,
Costa do Ouro), 73
partidos comunistas de sociedades
multirraciais, 100
"paz, pão e justiça" (lema), 108n
Pele negra, máscaras brancas (Fanon),
51n, 62, 103
Pelewura, Alimotou, 159
pensamento africano, 9-11, 13-4, 16,
22, 30, 34, 39, 48, 50, 54, 58, 60-
2, 68, 70-2, 74, 91-2, 94, 98-9, 101,
111, 119-20, 124-7, 154-5, 156n, 157-
8, 163, 166, 170, 173-4, 176; *ver
também* intelectuais africanos
Pensamento africano no século XX
(org. Macedo), 10n
*Pensamento africano subsaariano:
Conexões e paralelos com o
pensamento latino americano
e o asiático — um esquema, O*
(Devés-Valdés), 10n, 27n
Pepetela, 72, 157n
pequena burguesia, 67, 105, 112-3, 117
Peregrino, Francis Z. C., 17
Pereira, José de Fontes, 27
periféricos, povos, 112, 139
personalidade africana, 10, 13-4, 19,
22-3, 28, 47, 54-5, 57-62, 65, 67,
70, 76-7, 88, 109-10, 125, 154,
174, 176
petróleo, 140-2, 145
Picasso, Pablo, 42
pigmentocracia, 18
Plaatje, Solomon, 33n
planificação econômica, 83, 143

"Plano de Ação de Lagos para o
Desenvolvimento Econômico
da África 1980-2000", 142, 145
"Plano de Metas de Cinco Anos"
(Gana), 133
plutocracia, 122
PNUD (Programa das
Nações Unidas para o
Desenvolvimento), 144n, 168n
"Política e o nacionalismo africano,
1919-1935, A" (Oloruntimehin),
29n
Política na África Ocidental (Lewis),
134
política-cultura, relação, 60-8
"populistas russos", 89n
Porto Harcourt (Nigéria), 149
Porto Novo (Benim), 15
Portugal, 15, 16, 28, 110, 129n
"povo trabalhador", conceito de, 170
Prah, Kwesi Kwaa, 115, 152n
Prashad, V., 108n
Prebisch, Raúl, 115, 131, 136, 142
Présence Africaine (revista), 19, 37,
48-9, 52n, 54, 57n, 62, 64-6, 78-
80, 81n, 82n
Price-Mars, Jean, 35, 43
Primeira Guerra Mundial, 29, 44
privilégios étnicos, abolição dos, 51
*Produção de ciências sociais no
continente e a agência do
Codesria, A* (Ilges), 166n
proletários, 105, 110
"protonacionalistas", 20
Putin, Vladimir, 160

Q

Quênia, 41, 42n, 75, 81n, 85, 87, 122,
144, 146, 152n, 156n, 157n, 161

R

Rabehasala, Gisèle, 159
Rabemananjara, Jacques, 47-8
raça negra, 18, 20, 22, 27, 35
race first! (slogan de Garvey), 35
racialismo, 27
racismo, 17, 35, 40, 92, 97, 102;
    científico, 20; estrutural, 103,
    104; fascista, 34; paternalista,
    44; "racismo antirracista", 49-51
"Racismo e cultura" (Fanon), 103
Rahmato, Dessalegn, 152n
Ramos, Alberto Guerreiro, 50
Ramos, Graciliano, 111
Ramose, Mogobe, 156n
Ranger, Terence, 94, 118
Ransome-Kuti, Funmilayo, 85, 159
"razão europeia" *versus* "razão
    negra", 54n
RDA (Rassemblement Démocratique
    Africain), 101, 136
"reafricanização" das culturas
    populares, 113
Rede de Estudos Feministas do
    Instituto Africano sobre
    Gênero, 158
Rede Pan-africana de Cinturão
    Verde, 146
Reflexões sobre o racismo (Sartre), 51n
regime change, táticas de, 107n
regionalismo africano, 161
"reino político", 10, 69, 71-2, 86, 124-
    5, 174
relações internacionais, 70, 75, 157
religião, 20-2, 26, 152
Renascimento Egípcio (1805-1881),
    26
República Árabe Unida (Egito/
    Síria), 83
República Centro-Africana, 81n, 84
resistência pacífica, 73

retornados, africanos, 18n
Revolução Argelina, 66, 105
Revolução do Haiti, 96
Revolução Egípcia, 76n
Revolução Industrial, 13-4, 132, 162
revolução negra mundial, 110
Revolução Russa, 39
revolução socialista, 109-10, 117, 141;
    ver também socialismo
Revoluções Industriais (1780, 1870
    e 1970), 162
Revue du Monde Noire (jornal), 44-5
Rio de Janeiro, 106
ritmos de herança africana, 43
Robeson, Paul, 35
Rodésia, 105n
Rodésia do Sul, 93, 127
Rodney, Walter, 94, 108, 115, 117-8,
    137, 141, 175
Rodrigues, Ironides, 50
Roma, 64
romantismo racialista, 20
"romantização" do passado africano,
    62
Rosenstein-Rodan, Paul, 131
Ruanda, 81n
Rússia, 100, 160
Rweyemamu, Justin, 94, 175

S

Saberes endógenos, Os (Hountondji),
    166
Sahel, 161
Sainville, Léonard, 47
samba, 43
Sankara, Thomas, 88
Santos, Marcelino dos, 111
Santos, Milton, 94
São Tomé e Príncipe, 28, 157n, 159
Sarbah, John Mensah, 17

Sartre, Jean-Paul, 44, 48-51, 102n
"satelização" da África, 78
Saul, John, 94, 117
Schomburg, Arturo A., 35
Segunda Guerra Mundial, 36, 47, 72, 101n, 136
Seigelman, Ann, 131n
Seko, Mobutu Sese, 91
Sekyi, Kobina, 33n
self-reliance, conceito de, 94-6, 145
"semiproletariado", conceito de, 170
Sen, Amartya, 168n
Senegal, 14, 33n, 48-9, 75, 81n, 84, 87n, 101n, 114, 118, 136, 139, 148-9, 150n, 152n, 157n, 159-60
Senghor, Léopold S., 23, 33n, 47-8, 50-4, 59, 75, 84, 87, 89-90, 92, 101, 114, 118, 136-7, 154, 174
Ser africano, essência e autenticidade do, 53
Serequeberhan, Tsenay, 156n
Serra Leoa, 15, 17-8, 21, 26, 29, 31, 33n, 41, 81n, 84, 157n, 173
settler capitalism, 114n
Shaw, George B., 92n
Sherwood, Marika, 19n
Shivji, Issa, 94, 115, 117, 152n, 170
Shope, Gertrude, 85
Silà, Ernestina, 159
"silenciosa", luta de classes, 117
Simons, Jack, 114n
Simons, Rachel, 114n
Singer, Hans W., 131
Síria, 83
Slovo, Joe, 114n
Sobre a "filosofia africana": Crítica da etnofilosofia (Hountondji), 153
Sobre o socialismo africano (Senghor), 89
Socé, Ousmane, 47
socialismo, 74, 83, 89, 96, 98, 101n, 106, 110, 112-3, 120, 140-1,

163; "científico", 88n, 108-9; fabianista, 92; "socialismo africano", 86-95, 98, 108-9, 114, 122, 130, 137, 174; soviético, 88; *ver também* comunismo; marxismo
Sociedade Africana de Cultura, 64
Sociedade Americana de Colonização, 17
"Sociedade dos Oficiais Livres" (grupo nacionalista egípcio), 76n
sociedades africanas, 59, 102, 108, 127, 165, 176-7
sociologia, 152
sociorrealismo africano, 49
Soga, Tiyo, 21n
Solanke, Ladipo, 33n
"solidariedade negra", 38
Soludo, Charles C., 144
Somália, 76n, 157n
Southern Political Economy Trust, 149
Sow, Fatou, 152n
Soyinka, Wole, 28, 61, 157n
"Spirit of Civilization or the Laws of African Negro Culture, The" (Senghor), 52, 54n
Stockwell, John, 74n
"Study and Race" (Blyden), 23n
subdesenvolvimento, 131, 136-7, 162
"subjetividade negra", 47, 58
Sudão, 83, 157n
Sudoeste Asiático, 107n
"suicídio de classe", 112-3
Sul global, 93, 107n, 129n, 137, 140, 160, 162; *ver também* Terceiro Mundo
supremacismo racial branco, 34, 63
sustentabilidade (desenvolvimento sustentável), 146, 175
Sweezy, Paul, 115
Sylvain, Benito, 35

T

Tabatala, Isaac B., 113*n*
Tadesse, Zenebeworke, 152*n*
Tambo, Adelaide, 85
Tanganica, 92
Tanzânia, 81*n*, 85, 87, 92-3, 95, 98, 115-8, 128, 131*n*, 137, 149, 152, 161
Taylor, Dora, 113*n*
Taytu Betul, rainha da Etiópia, 159
Teatro Experimental do Negro, 50
Tempels, Placide, 154
Teodoro II, rei da Etiópia, 26
teologia racial, 55*n*
teólogos africanos, 156*n*
Teoria e etnografia das formações sociais africanas (Mafeje), 151
"teorias do sistema mundial", 117*n*
teorias latino-americanas da dependência, 115
Terceiro Mundo, 49, 67, 75, 91, 93, 107*n*, 120, 130, 132, 139-41
Thiong'o, Ngũgĩ wa, 157*n*
Thompson, V. Bakpetu, 19*n*
Thwaites, Elizabeth Hart, 16
Tible, Jean, 89*n*
Tile, Nehemiah, 21*n*
Togo, 81*n*, 91
Touré, Ahmed Sékou, 87, 111, 117, 174
Touré, Samori, 26
Towa, Marcien, 154, 156*n*
"Tradição e industrialização" (Wright), 67
"tradição" africana, 89-90
tráfico escravista Atlântico, 137
Trinidad e Tobago, 39-40
"tríplice herança" cultural africana, 28, 120
Tropiques (revista), 44
Tsé-Tung, Mao, 95

Tsikata, Dzodzi, 152*n*
Tunísia, 83, 156*n*
Ture, Kwame (Stokely Carmichael), 94
Tutu, Desmond, 156*n*

U

Uganda, 76*n*, 81*n*, 148, 149, 152*n*
Ujamaa ("casa familiar" ou "irmandade", em kiswahili), 95-6, 116
Ujamaa, ensaios sobre o socialismo (Nyerere), 94
"unanismo", 153
união africana, 38, 71-2, 74, 79, 81, 107; *ver também* pan-africanismo
União Africana, 144, 158, 167, 171
União das Mulheres da África Ocidental, 84
União das Mulheres de Guiné-Gana, 84
União Nacional Africana da Tanganica (TANU), 92-3, 96
União Popular dos Camarões (UPC), 83
União Soviética (URSS), 38-9, 75, 81, 99-100, 107*n*, 118, 147, 163
Unité culturelle de l'Afrique noire: Domaines du patriarcat et du matriarcat dans l'antiquité classique, L' (Cheikh Diop), 54-5
Universidade de Al-Azhar (Cairo), 148*n*
Universidade de Dakar (Senegal), 149
Universidade de Dar es Salaam (Tanzânia), 94, 98, 115, 149-50
Universidade de Howard (EUA), 39
Universidade de Ibadan (Nigéria), 149

Universidade de Ilé-Ifé (atual
 Obafemi Awolowo, Nigéria),
 142
Universidade de Londres, 73, 142
Universidade de Manchester, 132
Universidade de Nairóbi (Quênia),
 146
Universidade Harvard, 37, 142
universidades centenárias na África,
 148

V

"Vamos Descobrir Angola"
 (movimento), 111
Vansina, Jan, 118n
*Verdade sobre a questão da terra na
 África Ocidental, A* (Hayford), 30
Vida e costumes africanos (Blyden), 22
vida social africana, 89
Vieira, José L., 157n
Vietnã, 94, 105
visão estética e culturalista do
 negro, 43, 44
Vita, Kimpa, 159
Vo Nguyen Giap, general, 94
*Voz d'Ángola clamando no deserto:
 Oferecida aos amigos da verdade
 pelos naturaes* (coletânea), 27

W

Wallace-Johnson, I. T. A., 33n, 41
Wallas, Graham, 92n
Wallerstein, Immanuel, 94, 102n,
 117n, 137
Wamba, Ernest Wamba dia, 152n,
 171
Washington, Booker T., 95
Wauthier, Claude, 46

Webb, Sidney e Beatrice, 92n
West African Student Union, 40
*West and the Rest of Us: White
 Predators, Black Slavers, and the
 African Elite, The* (Ibekwe), 123
Wheatley, Phillis, 16
Williams, Eric, 35, 40, 132
Williams, Henry Sylvester, 17
Williams, Sylvester, 19, 35
Wiredu, Kwasi, 156
Wolpe, Harold, 114n, 152n
Wright, Richard, 35, 67, 69-70

X

X, Malcom, 94, 107n
Xitu, Uanhenga, 157n

Y

Yaa Asantewaa, rainha de Gana, 159
Yacob, Zera, 156n
Yansané, Aguibou, 121
Yeros, Paris, 170
Yifru, Ketema, 85
Young, Kurt B., 115n

Z

Zaire, 91
Zâmbia, 87, 117-8
Zanzibar, 93
Zedong, Mao, 95
Zeleza, Paul, 148, 150n, 152n
Zimbábue, 93, 141n, 149, 152n, 157
Zuma, Nkosazana Dlamini, 167

© Muryatan S. Barbosa, 2020

Todos os direitos desta edição reservados à Todavia.

Grafia atualizada segundo o Acordo Ortográfico da Língua
Portuguesa de 1990, que entrou em vigor no Brasil em 2009.

capa
Oga Mendonça
preparação
Manoela Sawitzki
índice remissivo
Luciano Marchiori
revisão
Valquíria Della Pozza
Eloah Pina

3ª reimpressão, 2024

Dados Internacionais de Catalogação na Publicação (CIP)

Barbosa, Muryatan S. (1977-)
A razão africana : Breve história do pensamento africano
contemporâneo / Muryatan S. Barbosa. — 1. ed. — São
Paulo : Todavia, 2020.

Inclui bibliografia e índice.
ISBN 978-65-5692-058-0

1. Ciências sociais. 2. Cultura e instituições. 3. África —
História. 4. Sociologia. I. Título.

CDD 306.096

Índice para catálogo sistemático:
1. Ciências sociais : Cultura e instituições 306.096

Bruna Heller — Bibliotecária — CRB 10/2348

todavia
Rua Luís Anhaia, 44
05433.020 São Paulo SP
T. 55 11. 3094 0500
www.todavialivros.com.br

fonte
Register*
papel
Off White 80 g/m²
impressão
Forma Certa